„MATJES IST
DAS BEKENNTNIS ZUR
GLÜCKSTÄDTER TRADITION,
ZU PRODUKTEN AUS DER
REGION UND ZUGLEICH
AUCH ZUR ZUKUNFT.“
HENNING PLOTZ

Henning Plotz

MATJES Rebellion

Geschichten und Rezepte von gestern, heute und morgen

Glückwunsch + Guten Apetit!
Und merke:

Ab dem 30. Lebensjahr
findet Revolution* nur noch
in der Küche statt!

* -> Rebellion ...

1000 Gute Wünsche zum 10.5.2013
von Mama + Papa

av BUCH

Impressum:
avBUCH im Cadmos Verlag

Gestaltung und Satz: Ravenstein, Verden
Lektorat: Anke Knefel

Coverfoto: Fernando Magalan
Fotos im Innenteil: Fernando Magalan,
wenn nicht anders angegeben
Fotos zu Rezept und Porträt Jens Rittmeyer:
Claudia Rothenberger
Die historischen Abbildungen auf den Seiten 8 bis 17
wurden uns freundlicherweise vom Detlefsen-Museum im
Brockdorf-Palais, Glückstadt, zur Verfügung gestellt.

Druck: Westermann Druck, Zwickau

Deutsche Nationalbibliothek – CIP-Einheitsaufnahme
Die Deutsche Nationalbibliothek verzeichnet diese Publikation
in der Deutschen Nationalbibliografie; detaillierte bibliografische
Daten sind im Internet über http://dnb.ddb.de abrufbar.

Printed in Germany

ISBN: 978-3-8404-3507-2

INHALT

VORWORT

Ein Buch über Matjes? Was gibt es da schon Großartiges zu berichten?, werden Sie vielleicht fragen. Ich werde Ihnen eine andere Frage stellen: Was wäre unser Land ohne frischen Matjes? Ohne regionale Spezialitäten, ohne traditionelle Produkte wie Holsteiner Schinken, gesundes Gemüse und Kartoffeln, frisches Krabbenfleisch – um nur einige unserer norddeutschen Spezialitäten zu nennen, die für Qualität und unverfälschten Essgenuss stehen, wenn sie tatsächlich, wie die Werbung uns verspricht, „frisch auf den Tisch" kommen. Doch leider kommt heute der Geschmack viel zu oft nur noch aus dem Labor. Im Regal werden Heringe nach Matjesart angeboten, die mit echtem Matjes so wenig zu tun haben wie ein Elefant mit einer Maus. Tomaten sind zwar rot, schmecken aber nach nichts. Käse ist kein Käse mehr, sondern „Analogkäse". Hier grüßt häufig nur noch der Laborassistent. Welch gruselige Vorstellung! Das gilt es zu verhindern, und genau deshalb ist dieses Buch so wichtig.

Die Jahrhunderte währende Tradition der deutschen Heringsfischerei und der Handel mit Salzheringen hat viele Generationen ernährt und den Menschen an der Küste Lohn und Brot gegeben. Was wäre eine Küste ohne Fischerboote und somit ohne frischen Fisch? Weshalb sollen Gäste in unser schönes Küstenland kommen, wenn ihnen doch nur Tiefkühlfisch, billiger Pangasius aus Fernost, öliger Hering nach Matjesart und in Afrika gepuhlte Krabben serviert werden?

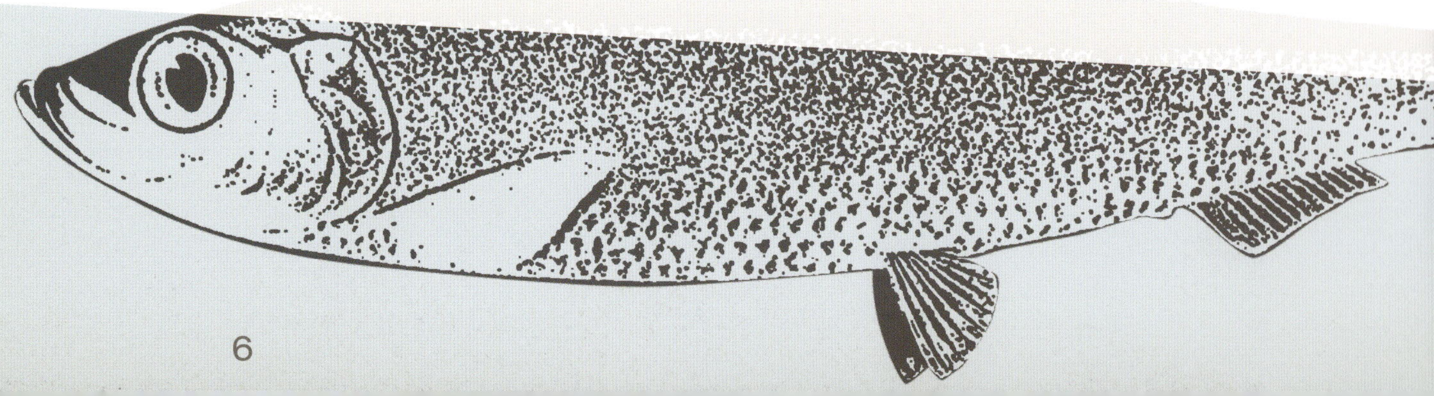

Doch glücklicherweise gibt es direkt vor unserer Haustür immer noch eine Vielzahl toller Hersteller regionaler Lebensmittel, haben wir noch Elb- und Küstenfischer, die den großen Konzernen trotzen und frischen Fisch anlanden, Landwirte, die frisches Gemüse, Kohl, Kartoffeln und Getreide anbauen, und Köche, die mit frischen regionalen Produkten ihre Gäste verwöhnen.

Dies gilt es zu unterstützen. Eine „Geiz ist geil"-Mentalität ist hier absolut fehl am Platz. Tradition und ehrliche regionale Produkte gilt es zu fördern und zu bewahren – in unser aller Interesse. Oder möchten Sie, dass sich Ihre Kinder und Enkelkinder irgendwann nur noch an „Pizza Traditionale" erinnern statt an frisch zubereitete Hausmannskost, an Omas leckeren Sonntagsbraten?

Lassen Sie sich auf den folgenden Seiten inspirieren. Erfahren Sie alles über die Geschichte des deutschen Heringsfangs, darüber, wie Matjes heute hergestellt wird, worauf Sie beim Kauf von Matjes achten sollten und wie vielfältig er – nach traditionellen Rezepten, aber auch in der modernen Küche – zubereitet werden kann.

Matjes ist eben nicht gleich Matjes, und für uns Glückstädter ist er etwas ganz besonders Wertvolles: Tradition, Genuss und Zukunft.

Guten Appetit wünscht Ihr Matjesrebell aus Glückstadt

Henning Plotz

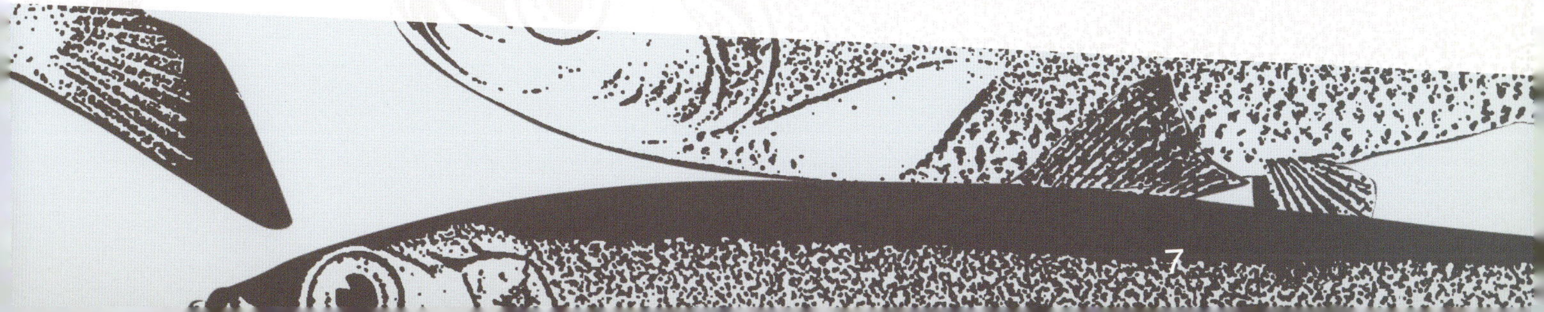

GLÜCKSTÄDTER HERINGSFISCHEREI – Geschichte und Anekdoten

Wie kommt Glückstadt eigentlich zum Heringsfang?

Der Heringsfang war über viele Jahrhunderte fest in holländischer Hand. Mitte des 16. Jahrhunderts bis ins 17. Jahrhundert hinein besaßen die Holländer quasi ein Heringsmonopol. Gut ein Fünftel der niederländischen Bevölkerung soll damals seinen Lebensunterhalt direkt oder indirekt mit dem Hering verdient haben.

1552 begann man in Emden mit dem Bau von fünf Büsen, kleinen hochseefähigen Heringsfängern. 1597 erließ der Rat der Stadt Emden eine eigene Heringsverordnung. Hierin wurde festgelegt, dass man den „Haring nit vermischen oder verändern dürfe". Eine Regel, die in Glückstadt bis zum heutigen Tag Bestand hat.

Das große Geschäft mit den Heringen machten aber andere Nationen, allen voran die Holländer, Norweger, Schweden und Schotten. Es sollte noch bis zum Jahr 1872 dauern, bis die Emder Heringsfischerei AG gegründet wurde. Weitere Heringshäfen wie Bremen-Vegesack, Altona, Elsfleth, Leer, Cuxhafen und Glückstadt folgten. Insgesamt zählte die Deutsche Heringsliga 13 Häfen mit insgesamt etwa 6 000 Beschäftigten. Ein wichtiger Wirtschaftsfaktor und Arbeitgeber an der Deutschen Westküste.

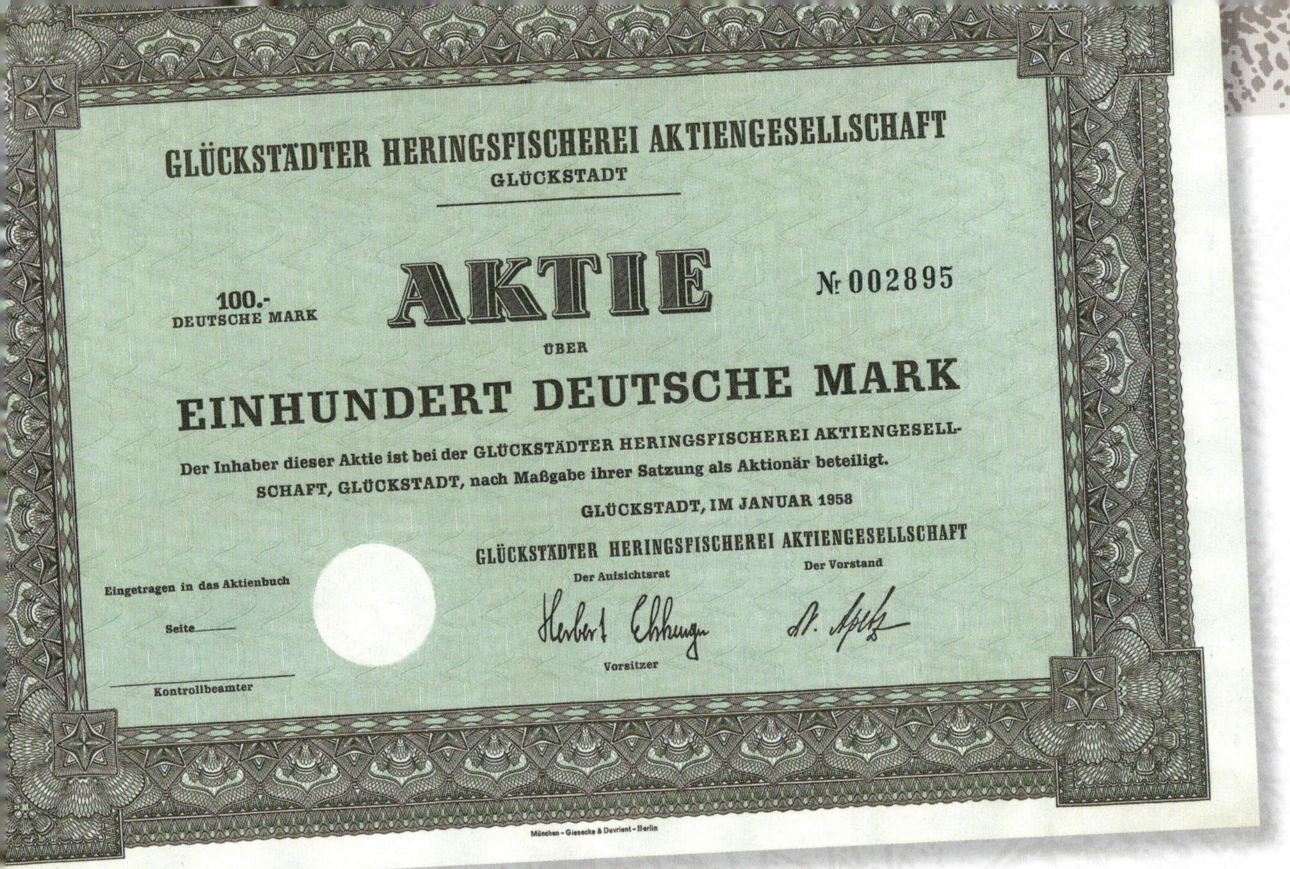

GLÜCKSTÄDTER HERINGSFISCHEREI AKTIENGESELLSCHAFT
GLÜCKSTADT

100.-
DEUTSCHE MARK

AKTIE

№ 002895

ÜBER

EINHUNDERT DEUTSCHE MARK

Der Inhaber dieser Aktie ist bei der GLÜCKSTÄDTER HERINGSFISCHEREI AKTIENGESELLSCHAFT, GLÜCKSTADT, nach Maßgabe ihrer Satzung als Aktionär beteiligt.

GLÜCKSTADT, IM JANUAR 1958

GLÜCKSTÄDTER HERINGSFISCHEREI AKTIENGESELLSCHAFT

Der Aufsichtsrat
Herbert Ehlhuge
Vorsitzer

Der Vorstand

Eingetragen in das Aktienbuch
Seite
Kontrollbeamter

München - Giesecke & Devrient - Berlin

Die Gründung der Glückstädter Heringsfischerei AG

Am 26. Oktober 1893 wurde die Glückstädter Heringsfischerei AG mit einem Gründungskapital von 300 000 Mark ins Handelsregister eingetragen. Zu den Gründungsmitgliedern und Hauptaktionären zählten angesehene Bürger von Glückstadt wie der damalige Bürgermeister Brandes, Goldschmied Aspern, Fabrikant Mahn, Holzhändler und Werftbesitzer Gehlsen, Zigarrenfabrikant Geysen und viele andere. Ihren Sitz fand die Glückstädter Heringsfischerei am südlichen Binnenhafen im ehemaligen Palais des Flottenkommandanten am Rethövel.

Man entschied, mit Loggern und Treibnetzen auf Heringsfang zu gehen. Die Logger, schlanke, zweimastige Holzschiffe, hatten ein Fassungsvermögen von etwa 450 Kantjes (Fässern). Die Besatzung bestand aus zwölf Mann und dem Kapitän.

Die ersten vier Segellogger stachen 1894 von Glückstadt aus in See. Bis 1897 folgten zehn weitere, bis 1914 waren es ganze 24 Logger, eine stattliche Flotte.

1933 investierten die Nationalsozialisten aus Propagandazwecken 650 000 Mark in den Bau von fünf modernen Dampfloggern. Allerdings mussten 1940 alle Logger der Kriegsmarine übergeben werden.

Nach dem Krieg trugen die Fänge der Glückstädter Heringsfischerei maßgeblich zur Grundversorgung der norddeutschen Bevölkerung bei. Salzhering mit Kartoffeln und einer Apfel-Zwiebel-Soße mit süßem Schmand stand jede Woche auf dem Speiseplan vieler Menschen.

Die starke Überfischung der Nordsee führte letztendlich zu einer drastischen Reduzierung der genehmigten Fangmengen. Hinzu kam, dass der Salzhering als „Armeleuteessen" nunmehr verpönt war. Dank Kühlung und schneller Transportwege war frischer Fisch handelbar geworden und der Absatz von Salzheringen brach ein.

Bis Ende der 60er-Jahre hatten von den 13 deutschen Heringshäfen 12 ihren Standort

aufgegeben, die Schiffe wurden verschrottet. Lediglich der Glückstädter Hafen war noch aktiv, von hier aus fuhren die letzten Logger von der deutschen Westküste auf Heringsfang.

Die von dem damaligen Bürgermeister Dr. Manfred Bruhn ins Leben gerufenen Matjeswochen sollten dazu beitragen, dass viele Menschen nach Glückstadt kamen, um Matjes zu essen. Die Gastronomen der Stadt veranstalteten Rezeptwettbewerbe und Kochkurse rund um den Matjes. So entstanden vielfältige Anrichtungsweisen und Marinaden, die noch bis heute in Glückstadt Bestand haben. Vielen Glückstädtern und Gästen ist die „Bretterbude am Hafen" von Hans Bremer noch in bester Erinnerung. Bremer gehörte mit seiner wohl etwas ruppigen Art sicher nicht zu den freundlichsten seiner Zunft, seine Bratkartoffeln und Matjes „Vinaigrette" jedoch lassen heute noch jeden Matjesliebhaber ins Schwärmen geraten.

Leider halfen alle Bemühungen nichts, der Heringsfang lohnte nicht mehr: 1976 verließ der letzte Heringslogger den Glückstädter Hafen. Die lange Tradition der deutschen Heringsfischer war somit endgültig beendet.

Matjeshochburg Glückstadt ohne Heringslogger – die Zeit danach

Nachdem die letzten Logger den Glückstädter Hafen verlassen hatten, standen nunmehr auch die weit über die Stadtgrenzen beliebten Matjeswochen vor dem Aus. Der Glückstädter Fischhändler Helmut Sievers wollte dies jedoch nicht so einfach hinnehmen. Er fuhr mit dem Auto nach Skagen und kaufte von den dänischen Fischern Heringe für eine eigene Matjesproduktion. Die Verarbeitung, das Kehlen, Salzen und Reifen machte er in Glückstadt. So konnte die lange Tradition der Glückstädter Herings- und Matjesverarbeitung erhalten werden.

Wurden die Matjesheringe zuerst noch in der sogenannten Mildsalzung hergestellt – das heißt, sie wurden mit einer größeren Menge Salz eingelegt, in der sie mindestens 24 Tage reiften –, setzte sich im Lauf der Jahre die Herstellung von leicht gesalzenen Heringen durch, die auch heute noch praktiziert wird. Der Unterschied ist immens. Die Heringe werden gleich nach dem Fang schockgefrostet. Die Weiterverarbeitung, das Kehlen, Salzen und Reifenlassen, wie früher auf den Heringsloggern, geschieht dann erst nach dem Auftauen. Der Vorteil liegt auf der Hand: Die Heringe können rund ums Jahr verarbeitet werden, ihr Salzgehalt ist niedriger, weshalb sie auch vor dem Verzehr nicht mehr gewässert werden müssen. Die ersten leicht gesalzenen Matjes wurden zu den Matjeswochen 1990 vorgestellt und sind heute aus Glückstadt nicht mehr wegzudenken.

Die Arbeit an Bord

An Bord eines Heringsloggers war der Kapitän für die Schiffsführung, das Anheuern der Mannschaft und den Kurs zu den Fangplätzen verantwortlich. Der Steuermann hatte die Obacht über den Ablauf an Deck. Seine Aufgabe war unter anderem das Salzen der Heringe in der Warback. Maschinist und Heizer warteten den Schiffsmotor. Der Cook oder „Kock in the room“ versorgte die Mannschaft und musste beim Einholen des Fangs die nassen Netze verstauen.

Der älteste Matrose, der Wantennehmer, organisierte das Schlachten (Kehlen) der Heringe. Die Abholer brachten die gekehlten Heringe zum Salzen in die Warback und die Spillöper (die sonst die Spill bedienten, die

Seilwinde zum Einholen der Taue) packten die gesalzenen Heringe in Kantjes (Fässer). Drei Leichtmatrosen erledigten beim Aussetzen und Einholen der Netze Hilfsarbeiten. Dann gab es noch zwei Schiffsjungen: den Reepschießer, der das armdicke Tau, an dem die Netze hingen, verstaute, und den Abhauer, der die gefangenen Heringe aus dem Netz in die Kribben (kastenförmige Behältnisse seitlich an Bord) schlug. Kam ein großer Fang an Bord, war die hierarchische Organisation der Mannschaft vorübergehend aufgelöst. Dann mussten Kapitän, Maschinist, Cook und Spillöper gleichermaßen beim Schlachten helfen.

Und so ging es tagein und tagaus, ununterbrochen vier bis sechs Wochen lang. So lange dauerte in der Regel eine Fangreise. Harte Arbeit bei Wind und Wetter: Das war kein Zuckerschlecken und sicher nichts für „Weicheier". Oft waren Brot und Gemüse schon nach ein bis zwei Wochen ausgegangen.

Ein Fahrensmann berichtete: „Morgens zum Frühstück habe ich vier Bratheringe gegessen, dazu einen Pott Kaffee".

Zum Essen gab es meistens Eintopf und jede Menge Fisch.

Die Logger orientierten sich am Zug der Heringe. Nachmittags, bevor der Fisch zum Fressen „hochkam", wurden die Netze, die sogenannten Fleete, ausgesetzt. Die vier Kilometer langen Fleete hingen sieben Meter tief und blieben zwischen sechs und acht Stunden im Wasser, bevor sie von der Besatzung wieder eingeholt wurden. Alles von Hand, das war Knochenarbeit. Die Netze mit den Heringen wurden über den Scheerbrettern ausgeschlagen, sodass die Heringe an Bord fielen und unter Deck gebracht werden konnten. Bis fünf oder sechs Uhr morgens wurde gearbeitet, bis alle Netze wieder an Bord und der Fang an Deck waren. Nach dem Frühstück ging es an die Verarbeitung des Herings. In Weidenkörben wurden die in der vorherigen Nacht gefangenen Heringe von den Männern gekehlt und lagenweise mit Salz in die Fässer gebracht. Dann hieß es auch schon wieder „Netze raus" und alles begann von vorn.

Wenn nach 14 Tagen „Vollhering" der Bauch des Schiffes schon gut gefüllt war, entschied der Kapitän, ob „jetzt Matjes" dran sei. Dann verließen die Logger namens „Frija", „Baldur" oder „Odin" das Fanggebiet und änderten ihre Routen zum jungen Hering. „Dann gaben die Schiffsmaschinen 24 Stunden alles, was sie konnten."

72 Stunden Landurlaub bis zur nächsten Fangfahrt

Bis zu sechs Fahrten machten die Logger pro Fangsaison. Mit Grundheuer und Fangprämie pro Kantjes ließ sich sehr gutes Geld verdienen – bis zu 900 D-Mark standen auf dem monatlichen Lohnzettel. Im Hafen angekommen löschte die Besatzung den Fang und nahm für die nächste Fahrt Leerfässer und im Salzspeicher am Hafen Salz auf. „Endlich Urlaub", hieß es dann: Ganze 72 Stunden Landurlaub wurden gewährt, bis es – nach der Tide ausgerichtet – wieder Richtung Nordsee ging. Ob Steuermann, Matrose oder Maschinist – die einen kehrten zur Familie zurück, die anderen brachten einen Teil ihrer Heuer gleich wieder unter die Leute: beim „Singenden Wirt" oder im „Blauen Wal", im Volksmund auch vielen bekannt als „Zum schlappen Titt". Rund um den Hafen und in den Straßen Glückstadts gab es eine reichhaltige Kneipenkultur und entsprechend viele Geschichten rund um die oft raubeinigen Heringsfänger. Manch einem reichte selbst der gute Verdienst nicht aus, und einige der Fahrensmänner vergnügten sich auf Vorschuss. Es wird erzählt, dass die Wirtin vom „Schlappen Titt" sich vorsorglich ein Pfand von den Männern geben ließ. Wer nicht genug Geld dabeihatte, musste seine Hose dalassen – die Wirtin soll auf keinem „Deckel" sitzen geblieben sein.

Die letzten Jahre der Glückstädter Heringsfänger

Als die Fangergebnisse von Jahr zu Jahr schlechter wurden, beschloss man sogar, mit einigen Schiffen bis nach Neufundland zu fahren. Die Fangergebnisse vor der kanadischen Küste waren zwar gut, jedoch war der Aufwand auch sehr hoch. Hinzu kam, dass der große kanadische Hering sich schlecht vermarkten ließ und die Mühen letztlich nicht ausreichend bezahlt wurden.

Zu einem weiteren Problem wurde das Rekrutieren der Mannschaften. Von der harten Arbeit einmal abgesehen, waren zudem die beruflichen Zukunftsaussichten ungewiss. Um überhaupt eine Mannschaft zusammenzukriegen, mussten die Kapitäne oft nachts durch die Kneipen gehen, um meist betrunkene Männer an Bord zu locken. Auch wurden Strafhäftlinge zur Arbeit an Bord verpflichtet. Man kann sich selbst vorstellen, wie es bald auf den Schiffen zuging. Von Teamarbeit konnte keine Rede mehr sein, stattdessen gehörten handfeste Auseinandersetzungen zur Tagesordnung. Die Arbeitsleistung und der Ertrag fielen im Vergleich zu früheren Mannschaften wesentlich geringer aus. Auch aus diesem Grund entschied man sich im Oktober 1976, die letzten Glückstädter Schiffe auszumustern. Das Kapitel der Heringsfischerei war somit zu Ende.

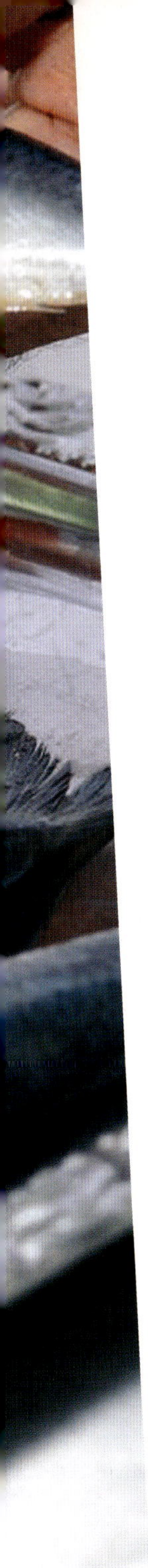

Die klassische MATJESKÜCHE

Matjestatar à la Kandelaber

Zutaten für 4 Personen:

6 Matjesfilets (ca. 300 g)
100 g Zwiebeln
100 g Äpfel
100 g Gewürzgurken
2 – 3 cl Aquavit
2 EL Kapern
frischer Dill
Salz, Pfeffer
1 Becher Crème fraîche
Cherrytomaten
Bund Schnittlauch

Rösti:
500 g Kartoffeln
Salz, Pfeffer, Muskatnuss
1 EL Butter zum Ausbacken

Zubereitung:
Matjesfilets, Äpfel, Zwiebeln und Gewürzgurken ganz klein schneiden. Alles mit dem Aquavit, den Kapern und etwas Dill vermengen. Kühl stellen und vor dem Servieren mit Salz und Pfeffer abschmecken.

Rösti:
Die rohen geschälten Kartoffeln reiben und ausdrücken. Die Kartoffelmasse mit Salz, Pfeffer und Muskat würzen. Zu kleinen Kartoffeltalern formen und mit etwas Butter in einer beschichteten Pfanne goldgelb braten.

Anrichten:
Die Rösti auf den Tellern anrichten, aus dem Tatar mit dem Löffel kleine Nocken formen und an die Rösti legen, dazu je einen Löffel Crème fraîche. Mit Cherrytomaten und jeweils 2 bis 3 Schnittlauchhalmen dekorieren.

Pro Portion: 16 g Eiweiß, 22 g Kohlenhydrate, 32 g Fett, 450 Kilokalorien

Matjes Kapitänsart

Zutaten für 4 Personen:

250 g Mayonnaise
250 g Joghurt (Natur, 3,5 % Fett)
2 TL Meerrettich (aus dem Glas)
2 TL Tomatenmark
2 cl Weinbrand
Saft ½ Orange
Salz, Cayennepfeffer, Zucker
12 Matjesfilets (500 – 600 g)
200 g Krabbenfleisch oder
Flusskrebsfleisch zur Garnitur
frischer Dill zur Garnitur

Zubereitung:
Mayonnaise und Joghurt mit dem Schneebesen verrühren, die übrigen Zutaten nach und nach unterheben, mit Salz, Pfeffer und Zucker abschmecken.

Anrichten:
Je 3 Matjesfilets auf einem Teller anrichten und etwas Soße auf die Filets geben. Das Krabbenfleisch darauf verteilen und mit etwas Dill garnieren.

Beilage:
Mit Bratkartoffeln servieren.

Pro Portion: 35 g Eiweiß, 7 g Kohlenhydrate, 83 g Fett, 920 Kilokalorien

Matjes im Kräutergarten

Zutaten für 4 Personen:

150 g Mayonnaise
250 g Joghurt (Natur, 3,5 % Fett)
4 EL süße Sahne
1 Zitrone
Zucker
Salz
1 kleine Zwiebel
Dill, Schnittlauch, Petersilie
2 feste Tomaten
12 Matjesfilets (500 – 600 g)

Zubereitung:
Mayonnaise, Joghurt und Sahne mit dem Schneebesen verrühren. Die Zitrone auspressen und den Saft in die Soße geben. Mit Zucker und Salz süßsauer abschmecken. Die Zwiebel und die Kräuter fein hacken und unterheben. Die Tomaten entkernen, würfeln und in die Soße geben.

Anrichten:
Je 3 Matjesfilets auf einem Teller anrichten und die Soße auf die Filets geben. Mit frischen Kräutern garnieren.

Beilage:
Mit Pellkartoffeln servieren.

Pro Portion: 25 g Eiweiß, 8 g Kohlenhydrate, 65 g Fett, 720 Kilokalorien

Matjes nach Hausfrauenart

Zutaten für 4 Personen:

250 g Mayonnaise
250 g Joghurt
(Natur, 3,5 % Fett)
4 EL süße Sahne
Salz, Pfeffer, Zucker,
Bananensirup (Fruchtsirup, z.B. von Riemerschmid® oder Monin®)
2 Zwiebeln
Gewürzgurke (ca. 150 g)
2 Äpfel
2 Lorbeerblätter
12 Matjesfilets (500 – 600 g)

Zubereitung:
Mayonnaise, Joghurt und Sahne mit dem Schneebesen verrühren, etwas von dem Gewürzgurkenwasser in die Soße geben. Mit Salz, Pfeffer, Zucker und Bananensirup abschmecken. Die Zwiebeln, Gewürzgurken und Äpfel würfeln und mit den Lorbeerblättern unterheben.

Anrichten:
Je 3 Matjesfilets auf einem Teller anrichten und die Soße über die Filets geben. Mit frischen Kräutern garnieren.

Beilage:
Dazu schmecken Pellkartoffeln oder Bratkartoffeln.

Pro Portion: 26 g Eiweiß, 17 g Kohlenhydrate, 86 g Fett, 940 Kilokalorien

Matjes „Alter Däne“

Zutaten für 4 Personen:

1 Salatgurke
1 Apfel (Elstar)
1 TL gestoßener bunter Pfeffer
1 Bund Dill
Saft einer Zitrone
2 Eigelb
1 TL mittelscharfer Senf
2 EL Balsamico
Zucker
250 ml Olivenöl
1 – 2 cl Gammeldansk
(dänischer Bitterlikör)
Salz
12 Matjesfilets (500 – 600 g)
Dill zum Garnieren

Zubereitung:
Die Salatgurke schälen, längs halbieren, entkernen und in Scheiben schneiden. Den Apfel schälen, entkernen und in Spalten schneiden. Gurke und Apfel mit dem Pfeffer, dem geschnittenen Dill und etwas Zitronensaft vermengen.

Für die Soße Eigelb, Senf, Balsamico und Zucker mit dem Schneebesen aufschlagen. Langsam das Öl unter ständigem Rühren zufügen (darauf achten, dass alle Zutaten etwa die gleiche Temperatur haben). Mit dem Gammeldansk verrühren und mit Salz abschmecken.

Anrichten
Den Apfel-Gurken-Salat auf die Teller verteilen, je 3 Matjesfilets auf dem Salat anrichten und die Soße drapieren. Mit einem Dillfähnchen dekorieren.

Beilage:
Mit Bratkartoffeln servieren oder als Cocktail mit frischem Mehrkornbrot.

Pro Portion: 24 g Eiweiß, 8 g Kohlenhydrate, 94 g Fett, 980 Kilokalorien

Matjes Alt-Glückstadt

Zutaten für 4 Personen:

kleine Kartoffeln (Drillinge)
etwas Butter
1 Prise Meersalz
500 g grüne Bohnen
100 g Speckwürfel
50 g Zwiebelwürfel
2 Knoblauchzehen, fein gehackt
grober Pfeffer
50 g Butter
200 ml saure Sahne
Bohnenkraut
Thymian
Petersilie
Salz, Zucker
gestoßenes Eis
12 Matjesfilets (500 – 600 g)
Zwiebelringe
Petersilie

Zubereitung:
Die Kartoffeln mit Schale kochen, Wasser abgießen und mit etwas Butter und einer Prise Meersalz bedenken. Bohnen in ca. 3 cm lange Stücke schneiden und in Salzwasser blanchieren.

In einem Topf den Speck auslassen, Zwiebelwürfel, Knoblauch, groben Pfeffer und die restliche Butter zufügen. Die saure Sahne mit den Kräutern beifügen und langsam aufkochen lassen.

Die blanchierten Bohnen in die köchelnde Soße geben und mit Zucker und Salz nochmals abschmecken. Gleich anrichten, sonst verlieren die Bohnen die Farbe und haben keinen Biss mehr.

Anrichten:
Eine flache Schale mit gestoßenem Eis füllen und darauf die Matjesfilets mit Zwiebelringen und Petersilie anrichten. Kartoffeln und Bohnen in separaten Schälchen dazustellen.

Pro Portion: 35 g Eiweiß, 38 g Kohlenhydrate, 57 g Fett, 800 Kilokalorien

Gebratener Matjes auf Rote-Bete-Kartoffelpüree

Zutaten für 4 Personen:

3 Rote-Bete-Knollen
500 g Kartoffeln
Bohnenkraut, Muskat
1 Tasse Milch (3,5 % Fett)
Butter
1 Weißkohl
Kümmel
100 g durchwachsener Speck
1 kleine Zwiebel
12 Matjesfilets (500 – 600 g)
Milch
Roggenmehl
Salz, Pfeffer

Zubereitung:
Die Rote Bete schälen und knapp 1 Stunde kochen. Die Kartoffeln schälen, würfeln und in Salzwasser mit Bohnenkraut und etwas Muskat kochen.

Die Rote Bete und die Kartoffeln mit einer Tasse heißer Milch und etwas Butter zu einem Püree verarbeiten. Mit Salz und Pfeffer abschmecken.

4 große Weißkohlblätter in Salzwasser mit etwas Kümmel garen und in einer Pfanne mit Butter anschwenken. Speck und Zwiebel in kleine Würfel schneiden, anbraten und zur Seite stellen.

Die Matjesfilets kurz in Milch legen, trocken tupfen und im Roggenmehl wenden. In der heißen Pfanne kurz von beiden Seiten anbraten.

Anrichten:
Je ein gebuttertes Weißkohlblatt auf einen Teller legen, das Püree auf dem Kohlblatt anrichten. Jeweils 3 gebratene Matjesfilets auf das Püree legen und mit Zwiebeln und Speck bestreuen.

Pro Portion: 33 g Eiweiß, 39 g Kohlenhydrate, 49 g Fett, 730 Kilokalorien

Matjes Schwedenart

Zutaten für 4 Personen:

200 g Mayonnaise
(60 – 80 % Fett)
200 g Joghurt
(Natur, 3,5 % Fett)
100 g flüssiger Honig
100 g mittelscharfer Senf
1 Bund frischer Dill
Salz, Pfeffer, Zucker
12 Matjesfilets (500 – 600 g)
200 g Flusskrebsfleisch

Zubereitung:
Die Mayonnaise mit dem Joghurt glattrühren. Honig, Senf und gehackten Dill unterheben. Mit Salz, Pfeffer und Zucker abschmecken.

Anrichten:
Die Matjesfilets auf dem Teller anrichten. Die Soße auf die Filets geben und mit etwas frischem Dill dekorieren. Das Flusskrebsfleisch „on top".

Beilage:
Dazu passen frische Pellkartoffeln, Bratkartoffeln oder auch Schwarzbrot.

Pro Portion: 36 g Eiweiß, 25 g Kohlenhydrate, 73 g Fett, 900 Kilokalorien

Matjes Lord Nelson

Zutaten für 4 Personen:

½ l Schlagsahne
Meerrettich (aus dem Glas)
3 Äpfel
Zitronensaft
40 g Mandelsplitter
12 Matjesfilets (500 – 600 g)
80 g Preiselbeeren

Zubereitung:
Sahne steif schlagen und mit dem Meerrettich vermengen (Schärfe nach Geschmack). Die Äpfel entkernen, in Scheiben schneiden und mit Zitronensaft einreiben. Mandelsplitter in der Pfanne anrösten und beiseitestellen.

Anrichten:
Je 3 Apfelscheiben auf einen Teller legen.
Die Matjesfilets vom Kopf- zum Schwanzende aufrollen und auf die Apfelscheiben setzen. Die Matjesröllchen mit dem Sahnemeerrettich füllen. Mit Preiselbeeren dekorieren. Die angerösteten Mandelsplitter über die gefüllten Matjesröllchen streuen.

Beilage:
Dazu Bratkartoffeln servieren.

Pro Portion: 27 g Eiweiß, 18 g Kohlenhydrate, 72 g Fett, 820 Kilokalorien

Matjes mit Birnen, Bohnen und Speck

Zutaten für 4 Personen:

5 Birnen
Zucker, Zitronensaft
2 cl Bananensirup (z.B. von Riemerschmid® oder Monin®)
4 cl Birnengeist
4 EL Crème fraîche
20 ml Sahne
Salz, Pfeffer
500 g grüne Bohnen
8 Scheiben dünner Frühstücksspeck
Butter
500 g kleine Kartoffeln (z.B. Drillinge)
250 g fetter Speck
12 Matjesfilets (500 – 600 g)
Walnusskerne

Zubereitung:
4 Birnen mit etwas Zucker und einem Schuss Zitronensaft weich dünsten, pürieren, mit Bananensirup und Birnengeist abschmecken. 1 Birne zum Dekorieren aufbewahren.

4 EL Crème fraîche mit etwas Sahne glatt rühren und mit Salz und Pfeffer abschmecken.

Grüne Bohnen im Salzwasser bissfest garen, ca. 10 Bohnen mit je 1 Scheibe Frühstücksspeck umwickeln (insgesamt 8 Bohnenbündchen).

Kleine Pellkartoffeln abkochen.

Den fetten Speck würfeln und im Topf auslassen für die Stippe.

Anrichten:
Die Matjesfilets aufrollen und mit Crème fraîche füllen. Die Birnencreme über den Matjes geben, mit Walnusskernen verzieren. Eine frische Birne in feine Scheiben schneiden und um den Matjes dekorieren. Die Bohnenbündchen in der Pfanne mit etwas Butter kurz erhitzen und anbräunen, auf dem Teller anrichten. Die Pellkartoffeln und die heiße Speckstippe separat servieren.

Pro Portion: 38 g Eiweiß, 55 g Kohlenhydrate, 111 g Fett, 1390 Kilokalorien

Marinierter Zitronenmatjes

Zutaten für 4 Personen:

- Saft von 3 – 4 Zitronen (ca. ¼ l)
- 250 g Zucker
- 2 kleine Zwiebeln
- 5 Karotten
- 2 Stangen Porree
- 10 schwarze Pfefferkörner
- 4 Nelken
- 2 Lorbeerblätter
- je 3 Zweige Dill und Petersilie
- 12 Matjesfilets (500 – 600 g)

Zubereitung:

Den Zitronensaft mit dem Zucker verrühren. Zwiebeln, Karotten und Porree fein schneiden und mit den übrigen Gewürzen in die Marinade geben. Die Marinade mindestens 1 Tag im Kühlschrank ziehen lassen.

Anrichten:

Die Matjesfilets etwa 1 Stunde vor dem Servieren in die Marinade einlegen und kühl stellen. Beim Anrichten das marinierte Gemüse als Erstes auf den Teller drapieren und darauf die Matjesfilets anrichten.

Beilagen:

Entweder mit Schwarzbrot oder Vollkornbrot servieren. Pfannenfrische Bratkartoffeln sind dazu auch sehr lecker.

Pro Portion: 24 g Eiweiß, 50 g Kohlenhydrate, 29 g Fett, 570 Kilokalorien

Tipp

Je länger die Matjesfilets in die Marinade eingelegt werden, umso fester und trockener werden sie. Wer den typischen zarten Matjesgeschmack liebt, sollte daher die Filets, wie beschrieben, nur kurz in die Marinade geben.

Kleine MATJESKUNDE

Was man über Matjes wissen sollte

Matjes ist nicht nur eine traditionelle Fischspezialität, die sich großer Beliebtheit erfreut, er avanciert durch seinen feinen Geschmack und durch seine zahlreichen Einsatzmöglichkeiten in der modernen, anspruchsvollen Küche auch immer mehr zur geschätzten Delikatesse für Gourmets. So vereint Matjes harmonisch die Anhänger der traditionellen und bodenständigen mit den Anhängern der verfeinerten Fischküche. Welcher Fisch kann das schon von sich behaupten? Matjes versöhnt und verwöhnt alle gleichermaßen.

Aber was ist eigentlich ein Matjes?

Ist jeder Matjes ein Hering?

Die Antwort lautet eindeutig: Ja! Man muss schon ein Hering sein, wenn man ein Matjes werden will. Aber nicht jeder Hering bringt die Voraussetzungen mit, um zum Matjes veredelt zu werden.

Wie wird ein Hering zum Matjes?

Um ein häufiges Missverständnis gleich auszuräumen: Ein Matjes ist ein junger Hering, aber keine „Jungfrau" mehr. Er muss sich in seinem Leben mindestens schon einmal fortgepflanzt haben. Nur in dem Jahr, in dem er gefangen wird, hat er noch keinen Ansatz von Milch und Rogen. Die Fangzeit für Matjesheringe ist etwa Mitte Mai bis Mitte oder Ende Juni; wann genau es losgeht, bestimmt die Natur. Viel Sonne im Frühjahr bedeutet viel Plankton, und dies braucht der Hering nach dem langen Winter, um sich einen idealen Fett- beziehungsweise Energievorrat anfressen zu können. Erst wenn er sich genug Fett angefressen hat, darf er gefangen werden, erst dann ist er ein Matjeshering. Sollte Ihnen also bereits im April oder Mai „neuer Matjes" angeboten werden, seien Sie bitte sehr skeptisch, was die Glaubwürdigkeit des Anbieters anbelangt!

Einmal Hering – immer Matjes?

Ein Hering kann stolze 25 Jahre alt werden. Aber nur aus den besten vier- bis sechsjährigen Heringen, gefangen im Frühjahr (Mai und Juni), bevor sie Milch und Rogen angesetzt haben, wird Matjes produziert. In dieser Zeit beginnen sie das eiweißreiche Plankton zu fressen und steigern dadurch erheblich ihren Fettgehalt. Das angefressene Fett – es liegt direkt unter der Haut – benötigen die Heringe, um ihre Geschlechtsmerkmale, Milch (Samen) und Rogen, auszubilden. Hat der Hering erst einmal Milch und Rogen angesetzt, ist er kein Matjes mehr, man nennt ihn nun Vollfetthering und nach dem Ablaichen im Spätsommer dann Fetthering. Aus diesen Heringen kann kein Matjes mehr hergestellt werden, das Fleisch ist fester und vor allem das wertvolle Omega-3-Fett verändert sich: Es wird in Einzelteile zerlegt und in der Bauchfalte als Energievorrat für den bevorstehenden Winter abgelagert.

Wie wird ein Matjes traditionell hergestellt?

Früher wurden die Heringe gleich nach dem Fang an Bord gekehlt und mit viel Salz konserviert. Beim Kehlen wird ein Großteil der Innereien entfernt, ein kleiner Rest verbleibt jedoch im Körper der Heringe: die Bauchspeicheldrüse und der dazugehörende Magen-Darm-Trakt. Die hierin enthaltenen natürlichen Enzyme lassen nun den Hering reifen. Mit Salz vermengt reift der Hering im Fass.

Matjes heute

Heute werden die jungen Heringe gleich nach dem Fang schockgefroren und können so das ganze Jahr über, ohne an Qualität zu verlieren, je nach Bedarf frisch verarbeitet werden – genau wie früher an Bord der Heringslogger.

Nach dem Auftauen werden die Heringe von Hand gekehlt und reifen nur unter Zugabe von Salz in den Kühlräumen, bis sie sorgfältig von Hand filetiert werden können. Eine ausführliche Beschreibung der einzelnen Arbeitsschritte gibt es im Kapitel „Matjesproduktion heute" (S. 38).

Wo wird Matjes gefangen?

In der zentralen Nordsee, vor Schottland und Island und vor den Küsten Norwegens.

Wer hat den Matjes „erfunden"?

1395 war der Holländer Jan Pieter Beukelzoon auf die Idee gekommen, fangfrischen Hering (Matjes) in Salzlake reifen zu lassen. Dadurch ließ sich der Fisch in Fässern über lange Strecken transportieren.

Woher kommt der Name Matjes?

Der Name für den vermeintlich „jungfräulichen Hering" hat seine Wurzeln im holländischen Wort für Mädchen (Meisjes).

Wie isst man Matjes?

Gern wird der Matjes im Brötchen oder auf kernigem Schwarzbrot gegessen. Während die Holländer den Matjes meist als kleinen Snack zwischendurch an einem mobilen Matjesstand genießen, hat sich in Deutschland eine reichhaltige Tisch- und Esskultur um den „Kulthering" entwickelt. Man isst ihn am liebsten im Familien- und Freundeskreis mit zahlreichen Beilagen und Soßen oder macht leckere Salate daraus, legt ihn in Gewürze und Marinaden ein. Der Fantasie sind hier und vor allem in Glückstadt keine Grenzen gesetzt. Hier wird Matjes das ganze Jahr über sowohl zu Hause als auch in der Gastronomie in vielfältigen Zubereitungen angeboten und genossen.

Woran erkennt man einen frischen Matjes?

Ein frisches Matjesfilet sollte silbrig braun glänzen, die Filetunterseite leicht rötlich – hieran lässt sich auch ein an der Gräte gereifter Matjes gut erkennen. Echter Matjes ist zart mit leichtem Biss. Er duftet und schmeckt mild-salzig nach Meer, Algen und feiner Butter. Ein schmackhafter Matjes hat einen hohen Fettgehalt von 12 bis 20 Prozent. Das Matjesfilet ist relativ klein und wiegt zwischen 35 und 50 Gramm. Größere Filets stammen logischerweise von älteren Heringen und sind dann auch keine Matjes mehr!

Ist Matjes eine Delikatesse?

In früheren Jahrhunderten traf das wohl nicht immer zu. Denn der Hering wurde in reichlich Salz eingelegt, um ihn lange haltbar zu machen. Deshalb musste er vor dem Verzehr erst gewässert werden, sonst hätte man ihn nicht genießen können. Unter dem Wässern wiederum konnten Konsistenz und Geschmack erheblich leiden.

Bei der modernen Matjesherstellung wird heute gerade einmal so viel Salz verwendet, dass der Matjes seine charakteristischen Geschmacksaromen besonders gut ausbilden kann. Auch die Frische bei der Verarbeitung und die traditionelle, sorgfältige Handarbeit (beim Original Glückstädter Matjes) sorgen dafür, dass aus einem salzigen Hering früherer Zeiten eine echte Delikatesse wurde. Ein regionales Produkt, das von vielen kreativen Köchen gern in vielfältiger Darreichungsform angeboten wird. Zum Beispiel der Glückstädter Wintermatjes, eine Spezialität, die im Fass mit Kräutern, Sandelholz, Blüten, Zimt und Pfeffer reift und mit Marzipan und Preiselbeeren angerichtet wird.

Wie lange hält sich Matjes?

Matjes wird zwar heiß geliebt, muss aber kühl gelagert werden. Schon beim Kauf sollte man darauf achten, dass der erworbene Matjes schnell wieder an einem kühlen Ort gelagert werden kann. Im Kühlschrank bleibt er einige Tage frisch, im Vakuum bis zu drei Wochen.

Ist Matjes gesund?

100 Gramm Matjes haben ungefähr 265 Kalorien, 22 Gramm Fett und 16 Gramm Eiweiß und keinerlei Kohlenhydrate. Er hat einen hohen Natriumgehalt und enthält viel Phosphor, Kalium, Magnesium und Kalzium. Ein Matjes liefert fast den ganzen Tagesbedarf an Jod.

Mit seinem Fettgehalt von bis zu 20 Prozent gehört Matjes zu den fetthaltigsten Fischen. Ernährungsbewusste Mitmenschen müssen sich aber keine Sorgen machen. Im Gegenteil, handelt es sich doch zum einen um die langkettigen, ungesättigten, besonders gesunden Omega-3-Fettsäuren sowie um einfach ungesättigte Fettsäuren, die den Cholesterinspiegel günstig beeinflussen. Das heißt, dass Matjes gerade aufgrund seines hohen Fettgehalts besonders gesund ist.

Omega-3-Fettsäuren wirken sich in vielerlei Hinsicht positiv auf unseren Körper aus. Sie können die Blutwerte und den Blutdruck senken, wirken fördernd auf die Durchblutung, verringern die Bildung von Blutgerinnseln und senken damit das Risiko, Herz-Kreislauf-Erkrankungen zu entwickeln. Über die aus ihnen entstehenden Eikosanoide wirken Omega-3-Fettsäuren auch entzündungshemmend. Mit all seinen Inhalts- und Wirkstoffen gehört Matjes zu den gesündesten Nahrungsmitteln, die wir kennen.

Wie viel Matjes essen die Deutschen?

Während die Norddeutschen ganz wild auf den zarten frischen Matjes sind, halten sich die Süddeutschen noch ein wenig zurück, auch wenn in den letzten Jahren der junge Hering überall in der Republik seine Anhänger gefunden hat. Die Zurückhaltung mag wohl aber daran liegen, dass die „Binnenländer" nur zu selten in den Genuss eines echten Matjes kommen, da sie in den heimischen Kühlregalen eher die sogenannten „Heringe nach Matjesart" vorfinden.

Das Fisch-Informationszentrum in Hamburg schätzt, dass rund 100 Millionen Matjesfilets von je 40 bis 45 Gramm jährlich in Deutschland verzehrt werden. (Leider sind die meisten davon wohl doch eher „Heringe nach Matjesart".)

Matjesproduktion heute – TRADITION, DIE MAN SCHMECKT

Die Heringe werden schockgefroren geliefert und können so zu jeder Jahreszeit frisch verarbeitet werden

Die aufwendige Handfiletierung, die natürliche, enzymatische Reifung und die traditionelle Rezeptur machen den Glückstädter Matjes zu einem Spitzenprodukt, das auch von Sterneköchen geschätzt wird. Für diese traditionelle Produktionsweise wurde der Glückstädter Matjes mit dem Gütesiegel der Landwirtschaftskammer ausgezeichnet.

Gewissenhafter Einkauf der Rohware in Skagen

Wer ein erstklassiger Glückstädter Matjes werden will, muss natürlich die besten Voraussetzungen mitbringen. Henning Plotz bezieht seine Rohware heute direkt von den dänischen und norwegischen Fischern, die

Hier werden die Heringe gekehlt und in Salz eingelegt.

den frischen Fang in Skagen anlanden. Seine Geschäftspartner vor Ort wissen genau, welcher Fisch für seine Produktion die besten Voraussetzungen mitbringt. Qualität beginnt beim Einkauf!

Kehlen und Salzen der Heringe

Schockgefroren warten die jungen Heringe auf die Weiterverarbeitung. Je nach Bedarf werden die Heringe aufgetaut, gekehlt und mit Salz von Hand in Fässer gepackt. Beim Kehlen wird ein Großteil der Innereien entfernt, es verbleibt dabei jedoch ein kleiner Rest. Die hierin enthaltenen Enzyme bewirken nun die natürliche – die enzymatische – Reifung des Herings.

Drehen der Fässer und Messen der Salzlake

Bei stets gleicher Temperatur und Reifezeit lagern die Matjesfässer in unseren Kühlräumen. Der Matjesmeister prüft täglich den

In diesen Fässern reifen die Heringe nach alter Tradition ohne Matjesreifer und werden täglich gedreht, damit sich die Enzyme gleichmäßig verteilen.

Reifegrad und Salzgehalt der Matjes. Hierbei dreht er auch die Fässer, damit sich die Lake mit den Enzymen im Fass gleichmäßig verbinden kann.

Filetieren von Hand

Ein sehr wichtiger Arbeitsschritt ist das Entfernen der Hauptgräte. Anders als bei den holländischen Doppelfilets – wo die Gräte herausgeschnitten wird – wird die Gräte von Hand herausgezogen. So verbleiben im Filet keine kleinen harten Grätenspitzen.

Sorgfältiges Feinputzen der Filets

Jedes einzelne Filet wird abschließend manuell von Hand gesäubert. Kleine Gräten oder Hautstücke werden so entfernt. Das ist dann echte Spitzenqualität aus Glückstadt.

Verpacken der fertigen Filets von Hand

Bevor die frischen Matjesfilets verpackt werden, ruhen sie noch einen Tag im Kühlraum. Anschließend werden sie von Hand in Schalen verpackt, gewogen und vakuumverpackt. Bei guter Kühlung sind die Matjesfilets nun circa 14 Tage haltbar.

Keine künstlichen Zutaten oder Matjesreifer

Selbstverständlich werden bei der Herstellung der Glückstädter Matjes keinerlei künstliche Zutaten oder gar Matjesreifer verwendet. Glückstädter Matjes werden ausschließlich nach der Tradition Glückstädter Loggerfahrer nur mit Salz eingelegt. Solche kontinuierliche Spitzenqualität verlangt sorgfältiges Arbeiten und das langjährige Wissen, wie es gemacht wird.

Auch das Filetieren ist reine Handarbeit.

Von Hand wird die Hauptgräte gezogen und jedes Filet gewissenhaft gesäubert.

Frischer Matjes zu jeder Jahreszeit

Die Fangzeit des jungen fetten Herings ist sehr begrenzt, von Ende Mai bis Mitte Juni. Sofort nach dem Fang werden die Heringe schockgefroren. Die anschließende Verarbeitung zum Matjes erfolgt dann nach Bedarf das ganze Jahr, egal ob Juli oder Dezember – Glückstädter Matjes werden das ganze Jahr über frisch hergestellt.

Die junge MATJESKÜCHE

Matjes Exotisch

Zutaten für 4 Personen:

Für die Soße:
250 g Joghurt (Natur, 3,5 % Fett)
250 g Mayonnaise (ca. 80 % Fettgehalt)
je 1 Prise Salz, Pfeffer, Zucker
4 TL Curry-Bananen-Soße
2 TL Kurkuma
1 Banane
100 g frische Mango (ersatzweise 2 – 3 TL Mangochutney)
evtl. Bananensirup zum süßen Abrunden (z.B. vom Riemerschmid® oder Monin®)
12 Matjesfilets (ca. 500 – 600 g)
frische Früchte zum Garnieren nach Belieben

Zubereitung:
Joghurt und Mayonnaise verrühren und mit Salz, Pfeffer und Zucker abschmecken. Curry und Kurkuma einrühren. Banane und Mango kleinschneiden und pürieren, anschließend in die Soße geben.
Die Soße fruchtig-süß abschmecken, eventuell mit etwas Bananensirup abrunden.

Anrichten:
Auf dem Teller einen Soßenspiegel gießen, frische Früchte darauf drapieren und mit jeweils 3 Matjesfilets anrichten.

Beilage:
Dazu Bratkartoffeln reichen oder pro Person einen Kartoffelrösti.

Pro Portion: 25 g Eiweiß, 13 g Kohlenhydrate, 84 g Fett, 900 Kilokalorien

Matjes Mango-Krokant

Zutaten für 4 Personen:

3 Mangos
2 Chilischoten
1 Bund Petersilie
2 EL Haselnusskrokant
Zitronensaft
12 Matjesfilets (500 – 600 g)
frische Minze zum Garnieren

Zubereitung:
2 Mangos schälen und das Fruchtfleisch zusammen mit den klein geschnittenen Chilischoten, der gehackten Petersilie und dem Haselnusskrokant im Mixer pürieren und mit Zitronensaft abschmecken.
Die übrige Mango schälen und das Fruchtfleisch in Fächer schneiden.

Anrichten:
Die Mangofächer auf den Tellern anrichten, je 3 Matjesfilets darauflegen und mit der Soße beträufeln. Mit einem Minzblatt garnieren.

Beilage:
Mit Bratkartoffeln servieren.

Pro Portion: 34 g Eiweiß, 32 g Kohlenhydrate, 30 g Fett, 500 Kilokalorien

Rote-Bete-Carpaccio mit Matjesstreifen

Zutaten für 4 Personen (als Vorspeise):

2 kleine Rote-Bete-Knollen (oder Rote Bete in Scheiben aus dem Glas)
6 Matjesfilets (ca. 300 g)
frischer Meerrettich

Zubereitung:
Die Rote Bete 50 bis 60 Minuten kochen.

Den Matjes in Streifen schneiden.

Die Limetten auspressen, den Saft mit Olivenöl und Honig vermengen. Mit Salz, Pfeffer abschmecken und fein geschnittenen Dill hinzugeben.

Vinaigrette:
4 Limetten
3 EL Olivenöl
2 EL Honig
Salz
grober bunter Pfeffer
3 Dillzweige

Anrichten:

Die ausgekühlte Rote Bete pellen und in hauchdünne Scheiben schneiden, diese auf den Teller legen und mit der Vinaigrette marinieren, die Matjesstreifen darauf anrichten.
Nach Geschmack noch Apfel- oder Meerrettichraspel darüberstreuen.
Zum Dekorieren ein paar feine Zwiebelringe, 1 Dillzweig, etwas Schnittlauch und nach Belieben feine Karottenstreifen auf dem Teller dekorativ verteilen.

Beilagen:

Frisches Baguette, warm aus dem Ofen, dazu reichen.

Pro Portion: 14 g Eiweiß, 24 g Kohlenhydrate, 23 g Fett, 370 Kilokalorien

Matjes mit Ziegenfrischkäse und Rösti

Zutaten für 4 Personen:

5 Kartoffeln
1 rote Zwiebel
1 Apfel
Salz, Pfeffer, Muskat
Öl
150 g Ziegenfrischkäse
Kresse oder andere frische Gartenkräuter
8 Matjesfilets (ca. 400 g)
50 g roter Lachskaviar

Zubereitung:
Für die Rösti die Kartoffeln schälen, die Zwiebel pellen, den Apfel waschen und entkernen. Die Kartoffeln und den Apfel reiben. Die Zwiebel in feine Streifen schneiden. Alles miteinander vermengen.
Die Röstimasse gut ausdrücken und mit Salz, Pfeffer und Muskat abschmecken. Öl in der Pfanne erhitzen, die Masse portionsweise in die Pfanne geben (etwa handballengroße, dünne Taler) und von beiden Seiten knusprig goldgelb braten.

Den Ziegenfrischkäse mit der Kresse vermengen.

Anrichten:
Auf die fertig gebratenen Kartoffelrösti werden die Matjes zu einer „Schleife" gelegt und mit Ziegenfrischkäse gefüllt. Darauf den roten Lachskaviar verteilen.
Den Teller nach eigenen Vorstellungen ausgarnieren, z. B. mit frischen Blattsalaten und Cherrytomaten.

Pro Portion: 27 g Eiweiß, 21 g Kohlenhydrate, 38 g Fett, 540 Kilokalorien

Matjes mariniert auf Couscous und Minze

Zutaten für 4 Personen
(als Vorspeise für 8 Personen):

350 ml Gemüsebrühe
½ Gurke
1 rote Paprika
1 Bund Lauchzwiebeln
1 rote Chilischote
250 g grober Hartweizen
50 ml Olivenöl
1 Orange
Zimt, Five-Spice-Gewürz (asiatische Gewürzmischung mit Sternanis, Szechuanpfeffer, Zimt, Fenchelsamen, Gewürznelke), Salz, Zucker
½ Bund glatte Petersilie
½ Bund Minze
6 – 8 Matjesfilets (300 – 400 g)

Zubereitung:

Für den Couscous die Gemüsebrühe aufkochen.
Das Gemüse fein würfeln und zu dem Hartweizengrieß geben, mit der heißen Gemüsebrühe überbrühen und quellen lassen. Olivenöl, Orangenzesten und den ausgepressten Saft beifügen. Mit Zimt, Five-Spice-Gewürz, Salz und einer Prise Zucker abschmecken. 2 Stunden ziehen lassen und vor dem Anrichten gehackte Petersilie und Minze unterheben.
Die Matjesfilets etwa 30 Minuten vor dem Anrichten in die Marinade legen (siehe Rezept Matjes Asiatisch, Seite 53).

Anrichten:

Die marinierten Matjesfilets dritteln. Den Couscoussalat in Cocktailschalen füllen und die Matjesstücke auf dem Couscous platzieren, mit Minze dekorieren.
Tipp: Dazu passt eine leckere Minz-Joghurt-Soße aus Naturjoghurt (3,5 % Fett), abgeschmeckt mit gehackter Minze, Salz, Pfeffer, Knoblauch und Zitronensaft.

Pro Portion: 22 g Eiweiß, 53 g Kohlenhydrate, 33 g Fett, 600 Kilokalorien

Tatar vom Original Glückstädter Matjes

mit Apfel-Ingwer-Currydip und frittierten blauen Kartoffeln

Zutaten für 6 Personen:

Matjestatar:
12 Matjesfilets (500 – 600 g)
je 150 g Zwiebeln, Äpfel und Gewürzgurken
6 cl Matjes-Aquavit
frischer Dill
eine Prise Pfeffer

Apfel-Ingwer-Currydip:
2 EL Sonnenblumenöl
1 – 2 Schalotten
10 g frischer, geriebener Ingwer
1 Knoblauchzehe
1 – 2 TL Currypulver
ca. 200 g Äpfel (gern Holsteiner Cox)
25 ml Apfelsaft
50 ml reduzierter Gemüse- oder Geflügelfond
5 ml Apfelessig
Salz, gemahlener Pfeffer
175 g Frischkäse, Doppelrahmstufe

Kartoffeln
Kräutersalz

Zubereitung:
Matjesfilets trocken tupfen und ganz klein schneiden. Zwiebeln, Äpfel und Gewürzgurken ebenfalls. Alles miteinander vermengen, den Matjes-Aquavit und den frischen Dill zum Schluss untermischen. Einige Stunden im Kühlschrank ziehen lassen, nochmals abschmecken und nach eigenem Geschmack nachwürzen.

Öl erhitzen und die fein gehackten Schalotten, den Ingwer und den Knoblauch hell anschwitzen. Mit dem Currypulver vermengen und anrösten lassen. Die geschälten und klein geschnittenen Äpfel beigeben und mit Apfelsaft, Fond und Essig ablöschen.
Die Äpfel bei schwacher Hitze weich kochen und mit den Gewürzen abschmecken. Die Masse pürieren und den Frischkäse unterheben. Das Ganze durch ein Sieb passieren und in einen Siphon füllen. Die Gaskapseln aufschrauben, gut schütteln und kalt stellen.

Kartoffeln, z. B. der Sorte „Blauer Schwede", in feine dünne Scheiben schneiden und mit Küchenpapier trocken tupfen. In heißem Fett frittieren und mit Kräutersalz würzen.

Anrichten:
Matjestatar, Dip und zuletzt die frittierten Kartoffelscheiben auf dem Teller anrichten.

Pro Portion: 21 g Eiweiß, 25 g Kohlenhydrate, 40 g Fett, 570 Kilokalorien

Matjes Mediterran

an Mango-Chili-Salat und geröstetem Ciabatta

Zutaten für 4 Personen:

12 Matjesfilets (500 – 600 g)

12 getrocknete Tomaten
3 Möhren
300 g Staudensellerie
½ Stange Porree
1 Paprika
1 Bund Basilikum
½ Mango
1 Chilischote
3 EL Olivenöl
200 ml Balsamico
200 ml Sweet Chili Sauce
3 EL Honig
1 Bund Rucola
1 Ciabatta

Zubereitung:

Die getrockneten Tomaten circa 24 Stunden in Wasser einlegen und anschließend in feine Streifen schneiden. Das Gemüse waschen und putzen. Möhren schälen, längs halbieren und ebenso wie Staudensellerie und Porree in dünne Scheiben schneiden. Paprika in feine Streifen schneiden, Basilikum fein hacken. Die Mango schälen und in feine Streifen schneiden. Die Chilischote längs aufschneiden, entkernen und fein hacken. Alles vermengen und zur Seite stellen.
Das Olivenöl in einer beschichteten Pfanne oder im Wok erhitzen und das Gemüse zugeben, kurz und scharf anbraten und mit dem Balsamico ablöschen. Sweet Chili Sauce und Honig zugeben und alles gut vermengen.
Alles in eine Salatschale geben und den fein geschnittenen Rucola unterheben. Beiseite stellen und auskühlen lassen. Gerne 1 Tag stehen lassen.
Etwa 1 Stunde vor dem Servieren die Matjesfilets in die Marinade geben und mit dem Gemüse bedecken.

Anrichten:

Das Ciabattabrot in dünne Scheiben schneiden, mit etwas Olivenöl in einer Pfanne goldgelb und kross rösten, anschließend auf den Tellern anrichten, den Mango-Chili-Salat an das Brot geben und zum Schluss die Matjesfilets auf dem Salat anrichten.
Alternativ können Sie die Matjesfilets auch in mundgerechte Stücke schneiden und unter den Salat heben. Dann haben Sie einen super leckeren Matjessalat und reichen dazu das geröstete Ciabatta.

Pro Portion: 32 g Eiweiß, 87 g Kohlenhydrate, 38 g Fett, 820 Kilokalorien

Tipp

Es muss nicht immer Bier zum Matjes sein, probieren Sie gerne einen schönen Weißwein dazu, z.B. einen Weißburgunder oder spritzig fruchtigen Sauvignon Blanc.

Matjes Asiatisch

Zutaten für 4 Personen:

Marinade:
200 ml Weinessig (10%iger)
500 ml Wasser
250 g Zucker
15 g Salz
2 Karotten
1 Stange Porree
1 rote Paprika
1 Mango
250 g Ananas
2 Stangen Zitronengras
2 Chilischoten
20 g frischer Ingwer
1 Bund frischer Koriander
3 EL Sesamkörner
50 ml Sojasoße
3 EL Honig

12 Matjesfilets (500 – 600 g)

Zubereitung:
1 bis 2 Tage vorher die Marinade zubereiten:
Essig, Wasser, Zucker und Salz aufkochen.
Karotten, Porree, Paprika, Mango und Ananas putzen und fein schneiden, Zitronengras längs halbieren, Chilischoten fein hacken, Ingwer in feine Scheiben schneiden. Koriander hacken. Die Sesamkörner in einer Pfanne ohne Fett leicht anrösten und alles mit der Sojasoße und dem Honig in die noch leicht warme Marinade geben.
Die Marinade süßscharf abschmecken. 1 bis 2 Tage kalt stellen und durchziehen lassen.
Etwa 1 Stunde vor dem Servieren die Matjesfilets in die Salatmarinade einlegen.

Anrichten:
Das marinierte Gemüse und Obst auf frischen Salatblättern verteilen und die Matjesfilets dekorativ darauf anrichten.
Oder Sie zaubern, wie abgebildet, eine Vorspeise daraus:
Hierfür Matjesfilets in kleine mundgerechte Stücke schneiden, Goma Wakame Seealgensalat auf kleinen Tellern oder Glasschalen verteilen und die Matjeshappen darauf anrichten. Etwas von der Marinade darüber geben und mit gerösteten Sesamkörnern bestreuen.

Beilage:
Frisches Baguette oder Crostinis.

Pro Portion: 24 g Eiweiß, 48 g Kohlenhydrate, 30 g Fett, 560 Kilokalorien

ALLES MATJES –
oder was?

Stellen Sie sich einmal folgende Situation vor: Sie haben Appetit und wollen sich etwas Gutes und Leckeres gönnen, ein Matjes soll es sein. Also gehen Sie in einen Markt und greifen beherzt in die Fischtheke. „Hering nach Matjesart" steht auf der Verpackung, die Sie in Ihren Einkaufswagen legen. Sind Sie sicher, dass Sie das wirklich wollen?

Hering nach Matjesart – keine feine Art

Sie denken wirklich, Sie haben da soeben einen Matjes gekauft? Weit gefehlt. Sie haben Hering gekauft, das stimmt. Aber nicht jeder Hering ist auch gleichzeitig Matjes. Für Ihren „Hering nach Matjesart" wurden Heringe verwendet, die zehn bis fünfzehn Jahre oder noch älter sind. Sie wurden nach dem Fang maschinell filetiert, mit künstlichen Enzymen über Nacht in Rekordtempo zur Reife gebracht und mit rosa Farbstoff behandelt, damit sie wie frisches Fischfilet aussehen. Schöne Grüße vom Laboranten! Von dem stammen übrigens auch die Geschmacksstoffe. Nicht verschwiegen werden sollte auch, dass die extrem fetthaltigen Heringe „nach Matjesart" in einer ebenso fetttriefenden Öllake (von meist minderer Qualität) eingelegt wurden. Das hat mit Matjes nichts zu tun!

Matjes aus Glückstadt

Beim traditionellen Glückstädter Matjes wird nur junger, etwa drei bis vier Jahre alter Hering verwendet, der sich im Frühjahr ein schönes Fettpolster (Omega-3-Fette)

angefressen hat und noch keinen Ansatz von Milch oder Rogen besitzt. Man fängt ihn nur im Mai/Juni und sein Fett ist – da es noch nicht die nach dem Laichen stattfindende Aufspaltung erfahren hat – besonders bekömmlich. Es mindert das Risiko eines Herzinfarkts, senkt den Cholesterinspiegel und hat noch viele weitere gesundheitsfördernde Wirkungen. Dieses bekömmliche und gesunde Omega-3-Fett befindet sich zwischen Haut und Fleisch. Später wird es sozusagen in Einzelteile zerlegt und als Vorrat für den bevorstehenden Winter in den Bauchfalten gelagert.

Nachdem er von Hand gekehlt und gesalzen wurde, reift der junge Hering behutsam und in aller Ruhe in einem mehrtägigen Prozess ohne jegliche Zutat von künstlichen Stoffen. Einzig die beim Kehlen im Körper verbliebenen Enzyme, die sich im Magen-Darm-Trakt befinden, bewirken die natürliche Reifung des Matjes.

Gesund und schmackhaft soll er sein

Sie als Kunde haben selbstverständlich die Wahl zwischen einem „Hering nach Matjesart" – also keinem Matjes, sondern einem mit künstlichen Zutaten versetzten, schnell gereiften Hering aller Altersklassen – oder einem richtigen Matjes aus traditioneller Herstellung. Die Entscheidung dürfte leichtfallen.

Ach ja, auch Ihr Gaumen wird den echten Matjes zu schätzen wissen. Zart wie Lübecker Marzipan, leicht buttrig, im Abgang mildsalzig – wer kann da noch widerstehen? Und den Aquavit „achteran" trinken Sie aus Genuss und nicht, weil Ihr Magen aufgrund der alten Fette rebelliert.

Euro-Toques
Leuchturm
Frank Wiechern

Gourmet-
MATJES

Matjes am „Sternehimmel“

Früher als Arme-Leute-Essen verpönt, heute auf der Speisekarte der gehobenen Gastronomie.

Zahlreiche Spitzenköche, die zunehmend auf regionale Produkte setzen, haben mittlerweile auch den Matjes für sich entdeckt. Unter dem Motto „Matjes macht Spaß“ verwöhnen sie ihre Gäste mit immer neuen Kreationen: mal eher bodenständig und traditionell, mal kunstvoll und ungewöhnlich.

Drei Sterneköche – Jens Rittmeyer, Rainer Sass und Frank Wiechern – verraten ihre Lieblings-Matjes-Rezepte und laden zum Nachkochen ein. Lassen Sie sich überraschen!

Matjes Sylt Royal

Matjesfilet Natur:
2 schön große Glückstädter
Matjesfilets „Natur“
2 cl Biofenchelöl
2 cl Birnen-Balsam-Essig
Prise Fleur de Sel

Matjesfilet Natur

Die Matjesfilets entgräten und zurechtschneiden.
Öl, Essig und Salz mischen und die Matjesfilets darin für ca. ½ Stunde marinieren.
Nach dem Ende der Einwirkzeit von jedem Filet ein kleineres Stück mit einem glatten Schnitt abschneiden; dieses wird für den Gurkenjoghurt verwendet.

Senfkörner:
5 g Senfsaat
450 ml Apfelsaft

Senfkörner

Beides zusammen ca. 25 Minuten köcheln lassen.

Senfcreme:
80 g Crème fraîche
10 g mittelscharfer Senf
1 g Senfpulver (z.B. Colmans)
Salz und Pfeffer
aus der Mühle

Senfcreme

Alle Zutaten miteinander vermengen und kalt stellen.

Schalottenringe:
100 g Schalotten, in feine
Ringe geschnitten
100 ml weißer Portwein
50 ml Weißwein
30 g Zucker
1 Gewürznelke
2 Wacholderbeeren
1 Lorbeerblatt
5 weiße Pfefferkörner

Schalottenringe

Den Zucker in einen Topf geben und darin schmelzen, bis er leicht braun wird. Mit den Alkoholika ablöschen, dann noch einmal aufkochen und die Gewürze zugeben.
Den Fond auf die Schalottenringe geben und bei 65 °C im vorgeheizten Backofen für ca. 2 Stunden ziehen lassen.

Matjes Sylt Royal | Jens Rittmeyer ▶

Foto: Claudia Rothenberger

Gurkenjoghurt:
100 g Salatgurke
25 g Joghurt
etwas Saft einer Zitrone

Gurkenjoghurt

Joghurt in einem Haushaltspapier für ca. 3 Stunden über einer Schüssel abhängen lassen. Die Gurke klein schneiden, salzen und ebenfalls für 1 Stunde über einem Sieb abtropfen lassen. Den abgehangenen Joghurt und die abgetropften Gurken vermischen und mit Salz, Pfeffer und einem Hauch Zitrone abschmecken.

Matjestatar:
5 g Gewürzgurken
5 g Schalotten
5 g Apfel
1 Glückstädter Matjesfilet, geräuchert
Fleur de Sel
weißer Pfeffer aus der Mühle

Matjestatar

Den Matjes getrennt von den anderen Zutaten in feine Würfel schneiden. Die anderen Zutaten ebenfalls in feine Würfel schneiden und zu dem Matjes geben. Mit Salz und Pfeffer abschmecken.

Schmorgurke:
1 Schmorgurke
100 ml Weißweinessig
50 ml Weißwein
100 ml Wasser
3 Pfefferkörner
1 Lorbeerblatt
2 Wacholderbeeren
1 TL Senfsaat
Salz, Pfeffer, Zucker

Schmorgurke

Die Schmorgurke mit Schale in ein Weckglas füllen. Die übrigen Zutaten zusammen für die Marinade aufkochen und auf die Gurke im Weckglas geben. Dann bei 100 °C zugedeckt im Glas für ca. 45 Minuten garen.

Später die Gurke auf der Aufschnittmaschine in Längsrichtung hauchdünn schneiden, jeweils einen Streifen der Gurke mit Matjestatar füllen und dann zügig aufrollen.

Foto: Claudia Rothenberger

Jens Rittmeyer – Der welterfahrene Küchenmeister und Sternekoch kocht leidenschaftlich gern mit Fisch und Meeresfrüchten. Direkt am Meer auf der Insel Sylt verwöhnt der Spitzenkoch die Gäste des Sterne-Restaurants Kai3 im Budersand Hotel. Seine Küche ist geprägt von guten regionalen Produkten von Schleswig-Holstein bis Skandinavien – ästhetisch präsentiert, mit modernster Küchentechnik zubereitet und geschmacklich auf den Punkt gebracht.

„Mit Glückstädter Matjes kann man wunderbar zeigen, dass es nicht immer nur Steinbutt und Co. sein muss, mit dem man Gäste positiv überraschen kann."

Senfeis:

¼ l Milch
¼ l Sahne
4 Eigelb
½ TL Senfpulver (z.B. Colmans)
1 ½ EL Senf, mittelscharf
Salz, Zucker

Senfeis

Milch und Sahne mit Eigelb mischen und auf einem Wasserbad zur Rose abziehen (auf einem warmen Wasserbad unter ständigem Rühren langsam erwärmen, bis die Masse cremig wird. Dabei unbedingt darauf achten, dass das Wasser nicht kocht!). Restliche Zutaten zufügen, mit Salz und Zucker abschmecken und die Masse in einer handelsüblichen Eismaschine frieren.

Knäckebrotstreusel:

25 g Leksands Knäckebröd in einem Mörser im Intervall klein stoßen.

Dekoration:

2 Borretschblüten
Kressemix zur Garnitur

Anrichten:

Als Erstes den Matjes auf dem Teller platzieren, mit Schalottenringen und Kresse optisch schön präsentieren. Nun in etwa der Tellermitte das Gurkenröllchen anlegen und mit den gekochten Senfkörnern linienförmig anrichten. Dann die Knäckebrotstreusel wie auf dem Bild ersichtlich anrichten.

Jetzt wird die Senfcreme punktuell aufdressiert sowie der Gurkenjoghurt rechtsseitig der Gurkenröllchen platziert; darauf wird dann das kleine Matjesstück gesetzt. Zum Abschluss eine kleine Nocke Senfeis seitlich ansetzen und sofort servieren.

Pro Portion: 15 g Eiweiß, 24 g Kohlenhydrate, 47 g Fett, 610 Kilokalorien

Rainer Sass gehört zur Gründungsgeneration des heutigen Kochfernsehens – so lange wie er ist kaum ein anderer dabei. Und das will etwas heißen im schnelllebigen TV-Geschäft. Seit 25 Jahren ist Rainer Sass für den Norddeutschen Rundfunk tätig. Ein Vierteljahrhundert! Als er 1985 bei den Kollegen von NDR 2 angefangen hat zu kochen, war Helmut Kohl noch Bundeskanzler und Boris Becker gewann mit 17 Jahren zum ersten Mal Wimbledon. Damals kochte Rainer Sass für seine Hörer. Schnell wechselte er ins Fernsehen, war über Jahre mit seinem roten Kochmobil im Norden unterwegs und hat allein für die Sendung „DAS!" mehr als 1 000 Rezepte entwickelt. Sein jüngstes Format heißt „Wünsch dir Sass!", im NDR Fernsehen und anderen dritten Programmen der ARD ein großer Erfolg.

Matjes-Bohnen-Salat

Zutaten für 4 Personen:

- 8 Matjesfilets (ca. 400 g)
- 500 g grüne Bohnen
- 2 Schalotten
- Butterschmalz
- 3 Lauchzwiebeln
- 8 Scheiben Frühstücksspeck
- 1 Bund Bohnenkraut
- Olivenöl
- Zitronensaft
- Salz, Pfeffer, Zucker

Zubereitung:

Matjesfilets in mundgerechte Stücke schneiden. Bohnen putzen und in Salzwasser bissfest garen. Schalotten häuten und in längliche Lamellen teilen. Die äußere Haut der Lauchzwiebeln und den Wurzelansatz entfernen. Den oberen grünen Teil in sehr feine Ringe schneiden, das Weiße in größere Stücke teilen.

Butterschmalz in einer Pfanne erhitzen und die Lauchzwiebeln darin ca. 2 Minuten schmoren. Dabei mit etwas Salz und Zucker bestreuen. Frühstücksspeck ohne Fettzusatz in einer beschichteten Pfanne knusprig ausbacken, dann auf Küchenkrepp abtropfen lassen.

Matjes, Bohnen, Bohnenkraut und Lauchzwiebeln in einer großen Schüssel vermengen. Mit etwas Olivenöl, Zitronensaft, gemörsertem Pfeffer und Salz würzen, aber vorsichtig, da der Matjes bereits ein salziges Aroma hat.

Die knusprigen Speckscheiben in Stücke brechen und auf dem Salat verteilen.

Wer mag, kann dazu noch neue Kartoffeln servieren.

Pro Portion: 25 g Eiweiß, 8 g Kohlenhydrate, 42 g Fett, 510 Kilokalorien

Matjes-Carpaccio an Birnen, Bohnen und Speck

Zutaten für 4 Personen:

500 g Wildlachsfilet

Für die Beize:
- 5 EL Meersalz
- 1 EL gestoßener schwarzer Pfeffer
- 1 Bund Dill
- 3 EL Cognac
- 1 EL Olivenöl
- 2 EL brauner Zucker
- Saft und Abrieb von 1 Limone

1 gekochte und geschälte Knolle Rote Bete
12 Glückstädter Matjesfilet (ca. 500 – 600 g)

Für das Püree:
- 3 Kartoffeln
- 100 ml Milch
- 1 EL Butter
- 1 säuerlicher Apfel
- 1 kl. Knolle Ingwer

Zubereitung:
Für das Carpaccio wird das Wildlachsfilet in die aus den angegebenen Zutaten bereitete Beize gelegt. Nach 18 Stunden das Filet kurz abspülen und in dünne breite Scheiben schneiden.

Aus den Wildlachsscheiben, gekochten Rote-Bete-Scheiben und 4 Matjeseinzelfilets eine Roulade formen und mit Klarsicht- und Alufolie gleichmäßig fixieren. Diese Rolle 30 Minuten im Tiefkühler anfrieren lassen, dann schnell von den beiden Folien befreien und mit einem langen dünnen Messer oder einer Aufschnittmaschine die Rolle in hauchdünne Scheiben schneiden und direkt die Teller damit auslegen.

Aus den Kartoffeln mit Milch, Butter und Gewürzen ein Püree herstellen. In das warme Püree den in feine Würfel geschnittenen Apfel sowie die frisch geriebene Ingwerwurzel unterrühren.

Matjes-Carpaccio an Birnen, Bohnen und Speck | Frank Wiechern ▶

Für Birnen, Bohnen und Speck:
400 g Schnippelbohnen
1 große Birne
100 g Pancettaspeck
100 g Zwiebel
100 ml Muschelbrühe
oder Fischfond
1 Zweig Bohnenkraut

2 EL Schmand
Olivenöl
4 Wachteleier

Schnippelbohnen, Birne, Pancettaspeck und Zwiebel in feine Würfel schneiden. Diese Würfel (Speck zuerst) kräftig anschwitzen, mit der Muschelbrühe ablöschen, Bohnenkrautblätter hinzugeben und ca. 10 Minuten köcheln lassen. Den Schmand hinzufügen und nochmals kurz köcheln lassen, bis ein sämiges Kompott entsteht.

Aus den Wachteleiern Spiegeleier braten.

Anrichten:
Die Teller mit dem bereits aufgelegten Carpaccio von Lachs, Rote Bete und Matjes mit sehr gutem Olivenöl hauchdünn beträufeln und das Püree karreeförmig ca. 5 x 5 cm in die Tellermitte geben. Matjesdoppelfilet am Schwanzende zusammenlassen und den Matjes der Länge nach auf das Püree „stellen". Zwischen die beiden Filets wird vorsichtig das lauwarme Kompott von Birne, Bohnen und Speck eingefüllt und das Wachtelspiegelei „on top".

Pro Portion: 64 g Eiweiß, 31 g Kohlenhydrate, 52 g Fett, 850 Kilokalorien

Frank Wiechern – Küchenmeister und Chef im Restaurant Leuchtturm-Harburg begrüßt locker, witzig, mit einem verschmitzten Lächeln seine Gäste. Sein Restaurant in Harburg zählt zu den drei besten Fischrestaurants Hamburgs. Seine Küche in fünf Worten: kunstvoll – mediterran – asiatisch – regional – ungewöhnlich. Die Küche, sichtbar und offen gleich neben Eingang, bietet den Gästen frischeste Produkte. „Matjes macht Spaß" – ob Matjes-Sushi, Matjes-Tatar, Matjes-Carpaccio, Matjes klassisch oder Matjes mit Schokolade, an kreativen Ideen mangelt es Küchenchef Frank Wiechern nie.

ALLES MATJES –
Matjeshochburg Glückstadt

Bis heute haben sich viele schöne, mit der Heringsfischerei verbundene Bräuche erhalten. Allen voran die beliebten Glückstädter Matjeswochen, die sich auf eine Begebenheit aus dem Jahr 1895 zurückführen lassen: Kapitän Jan Schön kehrte in diesem Jahr mit seiner Mannschaft auf der „S.G.1 Tümmler" als Erster von der Fangfahrt in den Heimathafen zurück und brachte 150 Kantjes mit. Zur feierlichen Begrüßung der Heimkehrer spielte an der Mole die Glückstädter Stadtkapelle. Der Kapitän kam an Land und überreichte dem Direktor des Glückstädter Gymnasiums, Professor Detlefsen, einen besonders fetten, breitrückigen Matjeshering. Der wiederum gab den Hering an einen seiner Schüler weiter, der tapfer in den Fisch hineinbiss. Dieses Ritual wurde 73 Jahre später vom damaligen Bürgermeister Bruhn wieder aufgegriffen.

Da Glückstadt 1968 bereits die einzige und letzte deutsche Hafenstadt war, die noch Logger zum Heringsfang in die Nordsee schickte, beschloss der Bürgermeister, zu Ehren des kleinen Silberlings ein großes Fest zu veranstalten. Er forderte die örtlichen Gastronomen auf, Rezepte und Marinaden rund um den Matjes zu entwickeln. Den damaligen Landwirtschaftsminister Engelbrecht-Greve lud er nach Glückstadt ein, wo er vor laufender Kamera des NDR werbewirksam in den ihm gereichten Matjes beißen sollte. Nach einem herzhaften Biss in den Rücken eines enthäuteten Matjes aus dem ersten Fass verkündete der Minister laut und deutlich, dass der Hering von ausgezeichneter Qualität sei.

Seither werden alljährlich im Juni durch eine besondere Persönlichkeit der Landesregierung die Glückstädter Matjeswochen eröffnet. Jedes Jahr kommen Zigtausende Besucher zusammen und erfreuen sich am maritimen Flair und dem Kulturprogramm der historischen Hafenstadt, und vor allem an den dargebotenen Matjesspezialitäten. Auch in zahlreichen anderen Städten im In- und Ausland gibt es Feste rund um den

Hering und den Matjes. Daran sieht man, welche große historische Bedeutung der kleine Fisch hat und mit wie vielen heute noch lebendigen Traditionen er verbunden ist.

Dass in Glückstadt seit 1995 wieder in großen Mengen Matjes produziert wird, ist eigentlich einem Streit zu verdanken, dem sogenannten „Matjeskrieg“.

Nachdem der Glückstädter Fischhändler „Bückel“ Sievers aus Altersgründen seinen Betrieb und somit auch die Herstellung des Glückstädter Matjes aufgegeben hatte, war Glückstadt sozusagen matjesfreie Zone. Was blieb den Gastronomen anderes übrig, als nach Hamburg zum Fischmarkt zu fahren und dort holländischen Matjes zu kaufen?

Mein gastronomischer Kollege Heiko Raumann – wir konnten uns damals nicht besonders gut leiden – begann allerdings unter der Anleitung von „Bückel“ Sievers mit der Herstellung eigener Matjes nach der alten Glückstädter Tradition.

Was der kann, kann ich auch, dachte ich mir, fuhr mit dem Auto nach Skagen, kaufte einen Kofferraum voll Hering und begann meine ersten Heringe zu kehlen und salzen. „Bückel“ Sievers stand auch mir hilfreich zur Seite und weihte mich in die alten Geheimnisse der Matjesherstellung ein.

So weit, so gut, dachte ich und bewarb meinen ersten neuen Matjes, was meinem Konkurrenten Heiko Raumann überhaupt nicht gefiel. Er rief bei unserer örtlichen Zeitung an und behauptete, das könne nicht mit rechten Dingen zugehen. Ein wahrer „Matjeskrieg“ entbrannte. Fernsehsender gaben sich die Klinke in die Hand, überregionale Zeitungen berichteten von dem skurrilen Streit.

Wer weiß, ob der Glückstädter Matjes auch ohne unseren „Wettstreit“ weit über die Stadtgrenzen hinaus so berühmt geworden wäre ...

Matjes – ein Naturprodukt

Auf eine schonende, natürliche Produktionsweise wird beim Glückstädter Matjes von vornherein streng geachtet. Selbstverständlich wird auf den Einsatz von „Heringsreifern“ – das heißt Reifungsbeschleunigern, die die Reifezeit von mehreren Tagen auf eine Nacht verkürzen – verzichtet. Auch die häufig zur schnelleren Reifung hinzugegebenen künstlichen Enzyme kennt man in Glückstadt nicht, genauso wenig wie die Verwendung zusätzlicher Farbstoffe, um den Farbverlust der Schnellreifung auszugleichen. Matjes ist und soll ein Naturprodukt bleiben.

In Glückstadt legt man auf die traditionelle Produktionsweise, die viel Handarbeit und Zeit erfordert, größten Wert. Das hat natürlich seinen Preis. Dafür wird man mit besonderer Qualität und besonderen Geschmackserlebnissen belohnt. So schmeckt der Norden!

Süßer MATJES

Matjes mit Schokolade –
Wie verrückt muss man denn sein?, das werden Sie sich beim Lesen der folgenden Rezepte sicherlich fragen – zu Recht!

Wie alles begann:

In meinem Restaurant Kandelaber in Glückstadt stehen die Gäste mit glänzenden Augen am Matjesbüfett. Und während ihnen vor Vorfreude auf das leckere Matjesmahl bereits das Wasser im Mund zusammenläuft, habe ich oft gehört, wie sie beim Anblick der Matjesfilets ins Schwärmen geraten: „Die sehen ja aus wie Marzipan".

Meine Antwort darauf lautete stets: „Im Winter machen wir natürlich auch Matjes mit Marzipan", was zu entsprechenden Reaktionen und ungläubigem Kopfschütteln führte.

Dann habe ich angefangen zu experimentieren, den Matjes mariniert, in Glühwein und Zimt eingelegt ... bis ich dazu übergegangen bin, den Hering gleich nach dem Kehlen und Salzen mit Kräutern wie Zimt, Sandelholz und Blüten einzulegen.

Das Ergebnis war vielversprechend, der zarte Matjes nahm den weihnachtlichen Geschmack hervorragend an. Als ich dann eines Morgens zu meinen Köchen sagte, sie möchten den Wintermatjes doch einmal mit Nuss-Nougat-Creme und Preiselbeersahne anrichten, dachten jedoch auch die, jetzt ist es vorbei mit mir ...

Inzwischen haben wir längst die Probierphase hinter uns gelassen, unser Glückstädter Wintermatjes ist mit dem Gütesiegel der Landwirtschaftskammer Schleswig-Holstein prämiert, und die Gäste in meinem Restaurant freuen sich bereits im Sommer auf die Winterzeit, wenn es endlich wieder Matjes mit Schokolade gibt ... So kann's kommen.

Wintermatjes 1001 Nacht

Zutaten für 4 Personen:

1 ungespritzte Orange
ca. 200 g getrocknete Feigen, geviertelt
4 kleine Zwiebeln, fein gewürfelt
1 EL grober Senf
200 ml Portwein
40 ml Rotweinessig
1 Zimtstange
100 g Gelierzucker
1 Zitrone
Pfeffer
4 Kräuter-Wintermatjesfilets (ca. 200 g)
Minzblätter und frische Feigen zum Dekorieren

Zubereitung:

Für das Chutney die Orange schälen und die Schale klein schneiden. Zusammen mit den geschnittenen Feigen, Zwiebeln, Senf, Portwein, Essig, Zimtstange und Gelierzucker aufkochen, danach kalt stellen.
Das Chutney mit Zitronensaft und Pfeffer abschmecken (süß und leicht säuerlich).
Die Wintermatjesfilets dritteln und etwa 1 Stunde vor dem Servieren in das Chutney geben.

Anrichten:

Das Chutney in kleinen tiefen Schälchen anrichten. Die Matjesstücke auf das Chutney legen. Mit Minzblättern und eventuell mit frischen Feigen dekorieren.

Pro Portion: 12 g Eiweiß, 63 g Kohlenhydrate, 12 g Fett, 460 Kilokalorien

Matjes-Schoko-Törtchen

Zutaten für 4 Personen:

1 Birne
100 g Nuss-Nougat-Creme
100 ml Orangensaft
6 cl Amaretto
3 g Pulvergelatine

Zubereitung:

Die Birne in sehr feine Würfel schneiden. Nuss-Nougat-Creme mit dem Orangensaft und einem guten Schuss Amaretto in einen Topf geben und unter ständigem Rühren leicht erhitzen, bis sich alles miteinander verbindet. Die Birnenwürfel damit vermengen und kalt stellen.
Die Pulvergelatine in etwas Amaretto auflösen und mit der Birnen-Nuss-Nougat-Creme-Salsa vermengen.

4 kl. Scheiben Christstollen
4 Wintermatjesfilets
(ca. 200 g)
1 Becher Schlagsahne
50 g Preiselbeeren
20 g Raspelschokolade

Den Christstollen in Scheiben schneiden und mit Ausstechern verschiedene Formen ausstechen. Die ausgestochenen Christstollenstücke mit der Birnensalsa bestreichen. Den Wintermatjes in kleine feine Würfelchen schneiden und auf die Salsa geben, dann ebenfalls mit einer Schicht Salsa bedecken. Die Törtchen kalt stellen.
Die Sahne schlagen und mit Preiselbeeren und etwas Amaretto vermengen.
Die Törtchen mit der Sahnecreme bestreichen und mit Schokoladenraspel verzieren. Vielleicht noch mit einer Amarenakirsche „krönen".

Pro Portion: 14 g Eiweiß, 52 g Kohlenhydrate, 43 g Fett, 680 Kilokalorien

Wintermatjes auf Apfelspalten an Glühweingelee und Amaretto-Preiselbeer-Sahne

Zutaten für 4 Personen:

1 Apfel
Saft einer Zitrone
350 ml Glühwein
1 Zimtstange
1 TL Pulvergelatine
1 Becher Schlagsahne
50 g Preiselbeeren
Amaretto
4 Wintermatjesfilets (ca. 200 g)
Kakaopulver

Zubereitung:
Den Apfel waschen, entkernen und in Spalten schneiden. Die Apfelspalten in etwas Zitronensaft einlegen, damit sie nicht braun werden. Den Glühwein mit der Zimtstange aufkochen und dann die Gelatine darin auflösen. Den Glühwein in ein flaches Gefäß gießen und kalt stellen. Die Sahne steif schlagen. Die Preiselbeeren im Mixer pürieren und mit einem guten Schuss Amaretto vorsichtig unter die geschlagene Sahne heben. Die Sahnemasse in einen Spritzbeutel füllen.
Die Wintermatjesfilets halbieren.
Mit einem Ausstecher verschiedene weihnachtliche Formen aus dem Glühweingelee stechen.

Anrichten:
Je 4 Apfelspalten auf einen Teller legen, darauf den Wintermatjes. Mit der Amaretto-Preiselbeer-Sahne garnieren. Die Glühweingelee-Stückchen auf den Tellern dekorativ anlegen. Die Teller mit etwas Kakaopulver bestäuben. Zum weiteren Dekorieren können auch noch Mandarinenfilets, Mandelkerne und Ähnliches verwendet werden.

Beilage:
Zimtsterne, Christstollen, weihnachtliches Gebäck.

Pro Portion: 10 g Eiweiß, 22 g Kohlenhydrate, 26 g Fett, 410 Kilokalorien

Wintermatjes auf Rotweinbirnen

Zutaten für 4 Personen:

1 Orange
2 Birnen
500 ml Rotwein
1 Zimtstange
Gewürznelken
Wacholderbeeren
6 EL Nuss-Nougat-Creme
100 ml Orangensaft
Amaretto
2 Löffelbiskuitstangen
4 Wintermatjesfilets (ca. 200 g)

Zubereitung:

Die Orange und die Birnen gründlich waschen. Den Rotwein mit Zimtstange, Gewürznelken und Wacholderbeeren in einen Topf geben. Die Orange halbieren, hinzugeben und aufkochen lassen. Die ungeschälten Birnen halbieren und entkernen. 2 Birnenhälften in den Topf mit dem Rotwein geben und köcheln lassen. Die anderen 2 Birnenhälften in sehr feine Würfel schneiden. Nuss-Nougat-Creme mit dem Orangensaft und einem guten Schuss Amaretto in einen Topf geben und unter ständigem Rühren leicht erhitzen, bis sich alles miteinander verbindet. Die Birnenwürfel damit vermengen und kalt stellen.
Die Gewürzbirnen vom Herd nehmen und ebenfalls kalt stellen. Den Löffelbiskuit zu feinem Staub zerbröseln. Wintermatjesfilets halbieren, die Oberseite mit Nuss-Nougat-Creme bestreichen und dann mit dem Löffelbiskuit bestäuben.

Anrichten:

Die Gewürzbirnen in Spalten schneiden und auf dem Teller zu einem Fächer legen. Darauf die Birnen-Nuss-Nougat-Creme-Salsa geben und „on top" den Wintermatjes. Das Ganze nach eigenen Vorstellungen noch ausgarnieren.

Beilage:

Dazu passt Christstollen, Gewürzkuchen, Nussbrot.

Pro Portion: 11 g Eiweiß, 41 g Kohlenhydrate, 20 g Fett, 470 Kilokalorien

Tatar vom Wintermatjes an Christstollen mit Rosenmarmelade

Zutaten für 4 Personen:

4 Wintermatjesfilets (ca. 200 g)
1 kleiner Apfel (ca. 100 g)
1 Orange (ca. 100 g)
1 EL Rosinen
1 EL Mandeln
2 cl Calvados
4 kl. Scheiben Christstollen
Rosenmarmelade (erhältlich z. B. bei Sven Jacobsen, Rosengarten am Deich)

Zubereitung:
Die Wintermatjes in kleine Würfel schneiden, den Apfel ebenfalls. Auch die Orangenfilets in kleine Stückchen schneiden (darauf achten, dass nicht zu viel Flüssigkeit in das Tatar tropft). Rosinen und Mandeln hacken. Alle Zutaten mit dem Calvados zu einem Tatar vermengen.

Anrichten:
Christstollen in Scheiben schneiden und mit etwas Rosenmarmelade auf dem Teller anrichten, darauf das Tatar. Nach Belieben mit frischer Minze und Orangenzesten dekorieren.

Pro Portion: 11 g Eiweiß, 32 g Kohlenhydrate, 21 g Fett, 370 Kilokalorien

Marzipan-Matjes-Röllchen

Zutaten für 4 Personen:

4 Wintermatjesfilets (ca. 200 g)
1 kleiner Apfel
1 Orange
1 EL Rosinen
1 EL Mandeln
2 cl Calvados
80 g Puderzucker
100 g Marzipanrohmasse

Zubereitung:

Die Matjesfilets in kleine Würfelchen schneiden, den Apfel ebenfalls. Auch die Orangen in kleine Stückchen schneiden (darauf achten, dass nicht zu viel Flüssigkeit in das Tatar kommt), die Rosinen und Mandeln hacken; alle Zutaten mit dem Calvados zu einem Tatar vermengen.
Die Marzipanrohmasse mit dem Puderzucker verkneten und ca. 2 mm dick ausrollen. Etwa 5 x 10 cm große Rechtecke schneiden und auf Klarsichtfolie legen.
Die Marzipanmasse mit dem Tatar belegen und aufrollen.
Die Marzipan-Matjes-Röllchen kalt stellen.

Anrichten:

Die Teller mit Zimt oder Kakao bestäuben. Die Marzipan-Matjes-Röllchen in der Mitte schräg durchschneiden, eine Hälfte hinlegen, die andere Hälfte hinstellen. Als Dekoration eignen sich rote Früchte, Minzblätter und Orangenfilets.

Beilage:

Weihnachtliches Gebäck.

Pro Portion: 21 g Eiweiß, 40 g Kohlenhydrate, 21 g Fett, 410 Kilokalorien

Kleines MATJESLEXIKON

Matjeshering

Junger, circa vier bis sechs Jahre alter Hering, Fangzeit Mai/Juni, in der Fressperiode mit hohem Fettgehalt von mindestens zwölf Prozent im verzehrbaren Teil (viel Omega-3-Fett) ohne Ansatz von Milch und Rogen.

Vollhering

Geschlechtsreifer fetter Hering mit Milch und Rogen.

Fetthering

Abgelaichter Vollhering, hat noch viel Fett aus der Fressperiode, welches er für die Wintermonate braucht.

Ihle

Abgelaichter und magerer Winterhering mit sehr geringem Fettgehalt.

Leichtsalzung

Die Heringe werden schockgefroren und gelagert, nach Bedarf aufgetaut und dann erst gekehlt und mit wenig Salz eingelegt. Sie sind nach einer kurzen Reifezeit von fünf bis sieben Tagen sofort verzehrfertig. Aufgrund des geringen Salzgehaltes haben sie eine relativ kurze Haltbarkeit.

Mildsalzung

Die Heringe werden gleich nach dem Fang an Bord gekehlt und mit viel Salz eingelegt. Ihre Reifezeit beträgt circa drei bis vier Wochen. Durch den hohen Salzgehalt sind sie einige Monate haltbar. Vor dem Verzehr muss das Salz unter fließendem Wasser ausgewässert werden.

Salzhering
Gekehlter und mit viel Salz eingelegter Voll- oder Fetthering; ist aufgrund des hohen Salzgehalts lange lagerbar; muss vor dem Verzehr ausgewässert werden.

Kehlen
Das Entfernen der Kiemen und Innereien mit einem Kehlmesser, damit der Hering ausbluten kann.

Kantjes
Holzfässer zur Aufnahme und Lagerung der gesalzenen Heringe.

Logger
Klassisches Heringsfangschiff des 19. und frühen 20. Jahrhunderts.

Enzymatische Reifung
Die nach dem Kehlen im Körper verbliebenen Innereien (Magen-Darm-Trakt) enthalten Enzyme, welche die natürliche Fermentierung des Muskelfleisches bewirken.

Hering nach „Matjesart“
Mit künstlichen Enzymen zur Reife gebrachte Heringsfilets, in Pflanzenöl eingelegt unter Zusatz von Geschmacks- und Farbstoffen sowie Konservierungsstoffen.

Glückstädter Heringsfischerei
Aktiengesellschaft von 1893 bis 1976; die letzte aktive deutsche Heringsfang-Gesellschaft.

Glückstädter Matjeswochen
Seit 1968 Mitte Juni in Glückstadt veranstaltetes Fest zu Ehren der traditionellen Glückstädter Heringsfischerei, ein buntes Fest mit viel Musik und noch mehr Matjes.

Party-
MATJES

Mizza – die norddeutsche Antwort auf die italienische Pizza

Italien ohne Pizza ist wie Küste ohne Fisch, also haben wir unsere Fantasie spielen lassen und mit unseren regionalen Spezialitäten den Klassiker aus Italien einmal neu – norddeutsch – interpretiert.

Um es vorwegzunehmen: Unsere Mizza kommt nicht aus dem Ofen, sie ist eigentlich nicht mehr, aber auch nicht weniger als ein kreativ angerichtetes Matjesbrot. Dabei kann jeder seine Mizza nach eigenem Geschmack belegen, der Kreativität sind hier keine Grenzen gesetzt.

Grundlage der Mizza ist eine runde Scheibe Schwarzbrot. Einige Bäcker haben sogar Schwarzbrot in Rollenform im Angebot, aber andere Formen sind selbstverständlich auch erlaubt! Zum Belegen brauchen Sie jetzt außer Matjesfilets nur noch eine leckere Soße.

Wenn Sie es gern pikant mögen, wie wär's mit Mizza „Frutti di Mare" aus einer pikanten Cocktailsoße und dazu Matjes, Lachs und Krabben, Sellerie, Lauch und Paprika als Belag? Wenn es lieber exotisch süß sein soll, schmeckt Ihnen bestimmt die Mizza „Hawaii": eine exotische Mango-Kokos-Currysoße mit süßsauer marinierten Matjesfilets, Ananasstückchen, Eisbergsalat und Tomaten.

Alles geht, und vor allem: Alles ist lecker und sieht toll aus.

Hier als Anregung vier leckere Soßenrezepte für Matjes oder Mizza

Zutaten für 4 Personen:

Basis für alle Soßenrezepte ist eine Grundsoße aus 250 g Mayonnaise und 250 g Joghurt, die mit Salz, Pfeffer und Zucker abgeschmeckt und glatt gerührt wird.

Mizza „Traditionale" mit Soße nach Hausfrauenart

Für die Soße nach Hausfrauenart jeweils 100 g Zwiebeln, Gewürzgurken und Äpfel in gleich große Würfel schneiden. 2 bis 3 Lorbeerblätter hinzugeben und mit 500 g Grundsoße verrühren. Eventuell mit etwas Fruchtsirup, z. B. Bananensirup, abschmecken, das nimmt der Soße den sauren Geschmack.

Pro Portion: 4 g Eiweiß, 9 g Kohlenhydrate, 54 g Fett, 540 Kilokalorien

Mizza „Frutti di Mare" mit pikanter Cocktailsoße Kapitänsart

Für die Cocktailsoße Kapitänsart 2 TL Meerrettich, 2 TL Tomatenmark, 4 cl Weinbrand, eine Prise Cayennepfeffer, den Saft von ½ Orange und 500 g Grundsoße im Mixer verrühren oder mit dem Schnee-besen aufschlagen.

Pro Portion: 3 g Eiweiß, 6 g Kohlenhydrate, 54 g Fett, 530 Kilokalorien

Mizza „Hawaii" mit exotischer Curry-Bananen-Soße

Für die Curry-Bananen-Soße 1 Banane, 100 g Mango oder 2 bis 3 TL Mangochutney, 3 bis 4 TL Currypulver, 2 TL Kurkuma und eventuell etwas Bananensirup zum süßen Abrunden mit 500 g Grundsoße pürieren und „exotisch fruchtig und süß" abschmecken.

Pro Portion: 4 g Eiweiß, 15 g Kohlenhydrate, 54 g Fett, 560 Kilokalorien

Mizza „schwedisch" mit süßer Senf-Honig-Dill-Soße

Für die Senf-Honig-Dill-Soße je 100 g flüssigen Honig, mittelscharfen Senf und frischen, fein gehackten Dill mit 500 g Grundsoße verrühren.

Pro Portion: 5 g Eiweiß, 25 g Kohlenhydrate, 54 g Fett, 600 Kilokalorien

Kräuter-Matjes-Salat

Zutaten für 4 Personen:

Marinade:
1 Tasse Apfelsaft
1 Schuss Lime Juice
1 TL körniger Senf
1 Prise Ingwer
1 Messerspitze Chili
1 Schuss Calvados

6 Matjesfilets (ca. 300 g)

1 Apfel (gern Elstar)
¼ Salatgurke
½ rote Paprika
2 rote Zwiebeln
1 Bund Lauchzwiebeln, davon das Grün
1 Bund Dill

Zubereitung:

Die Zutaten für die Marinade verrühren. Die Matjesfilets in mundgerechte Stücke schneiden und in die Marinade geben.

Apfel, Salatgurke und Paprika in Würfel schneiden. Die Zwiebeln, das Grün der Lauchzwiebeln sowie den Dill möglichst fein schneiden.

Alles mit der Marinade mischen.

Etwa 2 Stunden ziehen lassen und noch einmal gut mischen.

Pro Portion: 14 g Eiweiß, 16 g Kohlenhydrate, 16 g Fett, 280 Kilokalorien

Gefüllte Tomaten mit Matjes

Zutaten für 4 Personen:

8 mittelgroße, feste Tomaten
4 Matjesfilets (ca. 200 g)
1 rote Zwiebel
200 g Frischkäse
frische Kresse
Salz und Pfeffer

Zubereitung:

Von den Tomaten den Deckel abschneiden und das Fruchtfleisch entnehmen. Matjesfilets und Zwiebel in kleine Würfel schneiden, mit dem Frischkäse und der Kresse vermengen. Mit Salz und Pfeffer abschmecken und in die Tomaten füllen. Mit etwas frischer Kresse dekorieren und den Deckel wieder daraufsetzen.

Pro Portion: 18 g Eiweiß, 11 g Kohlenhydrate, 23 g Fett, 320 Kilokalorien

Matjestatar im Apfel

Zutaten für 4 Personen:

2 Äpfel (Elstar)
Aquavit
4 Matjesfilets (ca. 200 g)
1 Bund Lauchzwiebeln
8 Radieschen
½ Salatgurke
½ gelbe Paprika
1 Bund glatte Petersilie
Salz, Pfeffer aus der Mühle

Zubereitung:
Die Äpfel halbieren und aushöhlen, mit Aquavit bestreichen.
Matjesfilets, Lauchzwiebeln, Radieschen, Gurke und Paprika in feine Würfelchen schneiden und vermengen.
Das entnommene Apfelfruchtfleisch klein schneiden, die Petersilie fein schneiden und unter das Tatar mischen.
Mit Salz und Pfeffer abschmecken.
Das fertige Tatar in die ausgehöhlten Apfelhälften füllen, mit etwas Petersilie verzieren.

Pro Portion: 10 g Eiweiß, 14 g Kohlenhydrate, 11 g Fett, 200 Kilokalorien

Gefüllte Eier mit Matjesbutter

Zutaten für 4 Personen:

8 Eier
200 g Butter
4 Matjesfilets (ca. 200 g)
2 EL Sherry
2 EL Zitronensaft
1 TL Estragon
1 TL Kapern
Salz und Pfeffer
1 TL Cayennepfeffer
frische Kresse

Zubereitung:
Die Eier hart kochen und auskühlen lassen. Die Butter (erwärmt) mit dem Mixer schaumig schlagen, den Matjes in feine Würfelchen schneiden und in die Buttermasse geben. Sherry, Zitronensaft und Estragon ebenfalls der Buttermasse zugeben und im Mixer pürieren. Mit Salz, Pfeffer und dem Cayennepfeffer nach Geschmack schärfen.
Die Eier pellen und halbieren, das Eigelb entnehmen und fein hacken. Die Matjesbutter in die Eier geben, mit dem gehackten Eigelb bestreuen und mit etwas frischer Kresse verzieren.

Pro Portion: 22 g Eiweiß, 2 g Kohlenhydrate, 64 g Fett, 670 Kilokalorien

Matjes-Rote-Bete-Trilogie

Zutaten:

500 g gegarte Rote Bete
4 EL Crème fraîche
Kreuzkümmel, gemahlen
Salz, Pfeffer
3 EL Walnussöl
2 EL Rotweinessig
4 Matjesfilets (ca. 200 g)
1 kleine Zwiebel
1 kleine Gewürzgurke
Aquavit
2 TL Schnittlauchröllchen
Rote-Bete-Sprossen

Zubereitung:
Die Hälfte der Roten Bete mit 3 EL Crème fraîche und etwas Kreuzkümmel pürieren. Mit Salz und Pfeffer abschmecken. Die Mousse in kleine Gläschen geben und kühl stellen. Die restliche Rote Bete fein würfeln und mit Walnussöl, Essig, etwas Salz und Pfeffer mischen. Kalt stellen. Matjesfilets fein würfeln, ebenso die Zwiebel und die Gewürzgurke. Alles mit einem Schuss Aquavit vermengen, mit Pfeffer abschmecken. 1 EL Crème fraîche und die Schnittlauchröllchen unterrühren. Das Tatar auf die gekühlte Rote-Bete-Mousse geben, darauf die fein gewürfelte Rote Bete und zum Abschluss die Rote-Bete-Sprossen. Das Ganze mit der übrig gebliebenen Walnussöl-Essig-Marinade beträufeln.

Pro Portion: 11 g Eiweiß, 9 g Kohlenhydrate, 27 g Fett, 330 Kilokalorien

Matjescreme auf Pumpernickel

Zutaten für 4 Personen:

4 Matjesfilets (ca. 200 g)
150 g Gewürzgurken
1 kleiner Apfel
1 kleine rote Zwiebel
frische Kräuter wie Dill, Schnittlauch und Kresse
200 g Sahnequark
Milch (3,5 % Fett)
Salz, Pfeffer, Paprikapulver
12 kl. runde Scheiben Pumpernickel
Salatblätter zum Anrichten

Zubereitung:
Matjesfilets, Gewürzgurken und Apfel klein schneiden und im Mixer pürieren. Die rote Zwiebel mit den Kräutern fein hacken. Den Quark mit etwas Milch verrühren, sodass er leicht und streichfähig wird. Alles miteinander vermengen, mit Salz, Pfeffer und Paprikapulver abschmecken und in einen Spritzbeutel füllen.
Auf die vorbereiteten Pumpernickelscheiben (in kleinen runden Scheiben, eventuell aus großen Scheiben Rechtecke und Dreiecke schneiden) jeweils ein Salatblättchen legen und die Creme aufspritzen. Mit Kräutern und eventuell Radieschenscheibchen dekorieren.

Pro Portion: 17 g Eiweiß, 30 g Kohlenhydrate, 18 g Fett, 350 Kilokalorien

Matjeswrap mit Mangochutney und Marzipan

Zutaten für 4 Personen:

100 g Gurke
50 g Lauchzwiebeln
100 g rote Paprika
1 rote Chilischote
4 große Weizentortillas
200 g Crème fraîche
400 g Matjestatar
(Rezept S. 19)
200 g Mangochutney
100 g Marzipanrohmasse
2 Bund Rucola

Zubereitung:

Gurken, Lauchzwiebeln, Paprika, Chili in kleine Würfelchen schneiden. Marzipan in Scheiben schneiden. Die Weizentortillas mit der Crème fraîche bestreichen, Matjestatar, Mangochutney und das klein geschnittene Gemüse gleichmäßig auf der Crème fraîche verteilen und die Marzipanscheiben mittig darauf platzieren. Die gewaschenen Rucolablätter darauflegen und die Tortillas zusammenrollen.

Anrichten:

Das ist zeitgemäßer „Matjes to go": Er wandert direkt von der Hand in den Mund ... Guten Appetit!

Pro Portion: 11 g Eiweiß, 49 g Kohlenhydrate, 30 g Fett, 530 Kilokalorien

Matjesrezepte nach Gruppen

Die klassische Matjesküche

Die junge Matjesküche

Gourmet-Matjes

Süßer Matjes

Party-Matjes

Adressen

Restaurants

Restaurant KAI3
im Hotel Budersand
Am Kai 3
25997 Hörnum
Tel.: 04651 – 4 60 74 05
www.budersand.de

Restaurant Leuchtturm-Harburg
Außenmühlendamm 2
21077 Hamburg
Tel.: 040 – 70 29 97 77
www.leuchtturm-harburg.de

Restaurant Kandelaber
Am Fleth 53
25348 Glückstadt
Tel.: 04124 – 93 27 77
www.restaurant-kandelaber.de

Dirk Kühl

Dirk Kühl, seit 20 Jahren Küchenchef im Restaurant Kandelaber in Glückstadt, hat viele Matjes-Rezeptideen von Henning Plotz kreativ in die Tat umgesetzt und auf den Teller gebracht. Alle hier Buch abgebildeten Rezeptfotos sind von ihm angerichtet worden.

Dirk Kühl

Bezugsquellen

Glückstädter Matjes
Plotz Spezialitäten GmbH
Schmiedestr. 3
25348 Glückstadt
Tel.: 04124 – 93 27 87
www.deutscher-matjes.de

Rosenmarmelade
Rosengarten am Deich
Sven und Kerstin Jacobsen
Osterdeich 16
25845 Nordstrand
Tel.: 04842 – 1012
www.rosengarten-am-deich.de

Literaturhinweis

Ein interessantes Nachschlagewerk zur Glückstädter Heringsfischerei:

Köhn, Gerhard (Autor) / Wilkes, Walter (Herausgeber),
Seegekehlt und seegesalzen:
Die Loggerheringsfischerei von der deutschen Nordseeküste –
Zur Erinnerung an die vor 100 Jahren gegründete Glückstädter Heringsfischerei,
Westfälische Verlagsbuchhandlung
Mocker & Jahn, Soest, 1994.

Museum

Detlefsen-Museum im Brokdorf-Palais
Am Fleth 43
25348 Glückstadt
Tel.: 04124 – 93 05 20
www.detlefsen-museum.de

Der Autor

Der Gastronom und Matjeshersteller Henning Plotz wurde 1962 in Glückstadt geboren, wo er heute noch mit seiner Familie lebt. Schon in seinem Elternhaus kam regelmäßig Matjes auf den Tisch, was er in jugendlichen Jahren allerdings nicht als etwas Besonderes ansah. Es gehörte eben zum Alltag. Sein Vater Hans wässerte die Heringe unter fließendem Wasser, bevor sie von Mutter „Nettchen" sorgsam geputzt wurden und als kleine Filets auf den Teller kamen. Erst später stellte sich heraus, dass diese traditionellen Matjesmahlzeiten bei ihm wohl doch einen bleibenden Eindruck hinterlassen hatten.

Am 25. April 1986 eröffnete Plotz sein Restaurant Kandelaber am Marktplatz von Glückstadt, aufgebaut auf den abgebrannten Ruinen des Glückstädter Hofes, welchen seine Urgroßeltern 1912 gekauft und danach lange Jahre betrieben hatten.

Schnell nahm der Matjes in seinem Restaurant einen bedeutenden Platz ein. Die Erinnerungen daran, wie seine Eltern den Matjes zubereiteten, kamen ihm nun zugute.

1997 begann er nach alten Rezepten die eigene Herstellung des Glückstädter Matjes. Heute beschäftigt Plotz in seinem Betrieb, den er zusammen mit seinem Geschäftspartner Burkhard Mertsch führt, 20 Mitarbeiter und verarbeitet pro Jahr circa 150 Tonnen Hering zu leckerem Matjes. Das Restaurant mit seinen vielfältigen Matjesspezialitäten und dem Großen Matjesbüffet ist bei Matjesfreunden in ganz Deutschland bekannt und beliebt.

Für Henning Plotz ist Matjes nicht nur ein Fisch oder Handelsprodukt. Matjes ist das Bekenntnis zur Glückstädter Tradition, zu Produkten aus der Region und zugleich auch zur Zukunft.

„Wenn Heringe genau so teuer wären wie Kaviar, würden ihn die Leute weitaus mehr schätzen."

Otto von Bismarck (1815–1898)